12,00

l'Orgue français

l'Orgue français

Claude Noisette de Crauzat
Photographies de Jean-Paul Dumontier

Préface de Marie-Claire Alain

EDITIONS
ATLAS

Édité par :
France - ÉDITIONS ATLAS s.a.,
33, avenue du Maine, 75015 Paris.
Belgique - ÉDITIONS ATLEN s.a.,
55, avenue Huart-Hamoir, 1030 Bruxelles.
Suisse - FINABUCH s.a., ÉDITIONS TRANSALPINES,
Mezzovico.

Réalisation : EDENA, Paris
(maquette de Jean-Claude Bernar).

Ci-contre : première page du *Premier Livre d'orgue* de Nicolas de Grigny (B.N. - Archives photographiques Larousse).

Dépôt légal : novembre 1986.
ISBN : 2-7312-0524-5.

I

L'orgue, les organistes... c'est pour la plupart des amateurs d'art un monde mystérieux, tabou et, de ce fait, légèrement inquiétant. Les musiciens mêmes avouent leur anxiété devant cet instrument pour eux incompréhensible. L'orgue est situé très haut, très loin, et l'organiste est totalement hors de la vue de ceux qui l'écoutent.

Les spécialistes d'art sacré participent à cette crainte de l'inconnu : ils n'hésitent pas à s'extasier devant les sculptures d'un confessionnal Renaissance, évitant de regarder, sur la tribune de la même église, une œuvre d'art bien plus magistrale, due souvent au ciseau du même artiste. Il n'est que de parcourir la France pour s'en rendre compte.

Le livre de Claude Noisette de Crauzat devrait aider à clarifier ce mystère, et ceci à un double point de vue : démythifier l'instrument et son fonctionnement; faire connaître au grand public la beauté des buffets d'orgues.

Les heureux élus admis à monter dans les tribunes se montrent effarés devant la complexité de l'instrument et de la musique qui lui est destinée. Les spécialistes — avouons-le — entretiennent eux-mêmes ce mythe du « monstre-orgue ». Ils sont tellement passionnés par leur univers organistique qu'ils se lancent avec délices dans des discussions techniques complètement incompréhensibles pour le commun des mortels. Spécialisation oblige!...

Je ne connaissais pas jusqu'à présent d'ouvrage permettant à ces heureux élus de comprendre ce qui se passe devant eux. Finalement, le mécanisme d'un orgue bien construit est simple. Il suffit de l'expliquer avec les mots de tous les jours. Les rapports des bras de levier, les vibrations de la colonne d'air, la grille si simple d'un sommier sont des notions que tous peuvent comprendre.

La musique que l'artiste arrive à créer sur cette belle machine est un autre problème. Mais là non plus pas de mystère. Pendant quatre siècles, de la musique a été écrite pour résonner sous des voûtes d'église. Musique de foule, réclamant les milliers de voix d'une tuyauterie multiforme, musique vivante à laquelle l'interprète averti peut et doit imprimer sa personnalité. A lui le choix des timbres obtenus par le mariage des rangées de tuyaux; le choix des « tempi » en fonction de l'œuvre, mais aussi de l'acoustique; le choix, surtout, d'un « toucher », relation entre ses doigts de musicien et l'admission de l'air dans le tuyau. Le virtuose commande et discipline cet univers sonore.

Les touristes, musiciens ou non, se pressent pour contempler l'immense et magnifique buffet d'orgue de Haarlem, aux Pays-Bas. Mais la France peut aussi être fière d'une multitude de buffets étonnants. L'habitude de nos sculpteurs de travailler le chêne massif nous prive souvent des buffets polychromes que l'on peut admirer chez nos voisins. Mais la beauté du bois sculpté, l'harmonie de l'ensemble conçu souvent selon le nombre d'or, la richesse de la décoration des grands buffets d'orgues français restent encore totalement méconnues... Ils sont trop grands, trop impressionnants. Tant mieux! Cela nous donne aujourd'hui le plaisir de la découverte. Découverte des ensembles ou des détails... Nous avons encore beaucoup à apprendre, car ces superbes œuvres d'art sont souvent mal éclairées ou recouvertes de poussière. Puisse ce livre être un guide pour tous ceux qui aiment les buffets d'orgues. Et puisse-t-il donner aux autres, à ceux qui les ignoraient ou les dédaignaient, une vue différente sur un aspect important de notre patrimoine artistique national.

Marie-Claire ALAIN

Naissance et épanouissement de l'art polyphonique

Né en Égypte au IIIe siècle avant l'ère chrétienne, l'orgue nous est venu d'Orient sous la forme d'un cadeau que Byzance offrit au roi carolingien Pépin le Bref. L'extraordinaire expansion qu'allait connaître cet instrument fut avant tout liée à celle de l'Église et à la construction des cathédrales gothiques. Dès le XIIIe siècle, la musique occidentale prit son essor vers une forme plus complexe qui trouvera son plein épanouissement dans la polyphonie.

L'ORGUE MÉDIÉVAL

De tout temps, l'homme a fait appel aux ressources de son imagination et à ses connaissances techniques pour créer des instruments capables de produire des sons harmonieux, propres à soutenir la voix et le geste. Né de l'apprivoisement de l'air, élément vibratoire par excellence, l'orgue est sans conteste l'instrument à vent le plus prestigieux en même temps que l'un des plus anciens utilisés aujourd'hui.

Imposante machine dont la voix majestueuse emplit les voûtes des plus vastes cathédrales, monstre musical dont le registre couvre la totalité de l'échelle sonore perceptible à l'oreille humaine, l'orgue n'était pourtant à l'origine qu'un instrument de petite taille et de faible puissance : l'« organon hydraulikon » ou hydraule, qui comprenait une série de tuyaux à son unique de différentes longueurs, disposés comme dans une flûte de Pan et reliés à un mécanisme associant une soufflerie à pompe, un régulateur hydraulique et un sommier à leviers permettant de canaliser le mieux possible la circulation de l'air.

Cet ingénieux ancêtre mis au point sous le règne de Ptolémée par Ctésibios, un savant d'Alexandrie, inventeur, entre autres,

---

Page d'ouverture : SEWEN (Haut-Rhin).
Bois polychrome représentant un ange jouant du Portatif.

Page de gauche : *gravure de 1511, très précieuse par son réalisme : le Positif accompagne un ensemble (cornet, chanteurs). On notera l'exactitude de la représentation des soufflets, avec le poids destiné à les lester, et l'extrême fidélité de l'attitude de l'organiste.*

En haut : VENDÔME (Loir-et-Cher), église abbatiale.
Stalle (fin du XVe siècle) où l'on voit un ange jouant de l'orgue portatif.

d'une clepsydre et d'armes futuristes parmi lesquelles figure un fusil à vent, connut un succès immédiat mais durable. Il accompagna bientôt les danses sacrées d'Égypte, puis les jeux du cirque et les festivités païennes du monde romain, avant de gagner Byzance où il mêlera sa voix aux sonneries impériales, ce qui lui conférera un immense prestige.

Malgré l'apparition vers le IIIe siècle d'un modèle plus perfectionné doté d'un soufflet de forge en lieu et place du système hydraulique d'origine, l'antique instrument de Ctésibios qu'avaient décrit Héron d'Alexandrie puis Vitruve resta en service fort longtemps, puisqu'un orgue à eau figure encore dans le psautier d'Utrecht, qui date de l'an 835 de notre ère. C'est en 757 que l'orgue à soufflet fit son apparition en Occident, somptueux hommage adressé par l'empereur Constantin V Copronyme à Pépin le Bref, comme le prouve la chronique du monastère de Saint-Arnulphe, citée par Jean Perrot : « Année de l'Incarnation du Seigneur DCCLVII. L'empereur Constantin envoya au roi Pépin, parmi d'autres présents, un orgue, instrument qu'on n'avait jamais vu en France auparavant. »

Il allait y connaître une propagation rapide, et son histoire se confondra assez vite avec celle des communautés chrétiennes. En effet, s'il fut probablement utilisé d'abord durant les fêtes et les réjouissances laïques, il semble que très tôt, dès le Xe siècle en tout cas, les couvents l'adoptèrent, en raison peut-être de la fixité de ses sons, pour soutenir le plain-chant des chœurs.

Sa capacité étonnante à accompagner la voix humaine, ses ressources sonores étendues provoquèrent un tel engouement que, peu à peu, sans pour autant cesser d'être utilisé dans un contexte profane, il devint un instrument d'église apprécié et prit une place grandissante dans les monastères et les abbayes les plus importantes.

Bien qu'il soit difficile de décrire avec précision l'évolution de l'orgue, l'iconographie souvent maladroite, voire fantaisiste, dont nous disposons permet cependant d'établir que trois types d'instruments dont nous ne connaissons malheureusement pas l'origine exacte se distinguèrent bientôt, chacun ayant une destination différente.

Le plus répandu, ou du moins le plus souvent représenté, est le Portatif, qui, comme son nom l'indique, est un instrument de petites dimensions aisément transportable. Il est composé de quelques tuyaux à son fixe de diamètres gradués, alignés par ordre décroissant de longueur et maintenus par un cadre de bois. D'une main, l'organiste manœuvre le soufflet tandis que, de l'autre, il actionne des tirettes de bois liées à des soupapes qui envoient le vent vers les tuyaux. Peu commodes, les tirettes seront ultérieurement remplacées par un clavier rudimentaire. Le joueur de Porta-

tif peut poser son instrument sur ses genoux ou, encore, se déplacer en le tenant grâce à une courroie passée autour du cou. On pourrait voir dans l'accordéon actuel le lointain descendant de ce petit orgue qui devait être utilisé pour le culte et les processions ou au cours de manifestations profanes de plein air. Prisé surtout par les artistes ambulants, le Portatif ne survécut pas à la Renaissance.

L'orgue positif, nettement plus encombrant, n'a pas la même maniabilité, même s'il peut encore être déplacé comme un piano moderne. Pour en jouer, le musicien l'installe sur une table ou un trépied, ou le pose à même le sol lorsque l'endroit s'y prête. Un auxiliaire indispensable, le souffleur, est chargé de l'alimentation en air; il actionne une batterie de soufflets qui, avec le temps, se multiplient considérablement.

Double page précédente : BOURGES (Cher), cathédrale.
Vitrail du XIIIe siècle représentant des orgues du Moyen Age.

Page de gauche : LA ROCHELLE (Charente-Maritime), église Saint-Sauveur.
Sainte Cécile orne le sommet de la tourelle centrale de ce Positif du XVIIIe siècle.

Ci-dessus : BÉZIERS (Hérault), cathédrale Saint-Nazaire.
Détail du buffet qui date de 1623. On voit un Portatif et son système d'alimentation : deux soufflets actionnés à la main par un angelot.

Instrument à vocation religieuse lorsqu'il accompagne les voix, le Positif est également apprécié par la noblesse et les familles aisées, dont il agrémente les somptueuses demeures. Son meuble s'enrichit alors et s'orne de toutes les recherches, de tous les raffinements de la menuiserie gothique.

Grâce à lui, les dames peuvent à loisir exprimer leur sensibilité et faire valoir leurs talents de musiciennes, ce que montrent bien deux célèbres tapisseries conservées au musée de Cluny : la très fameuse *Dame à la licorne* et le *Concert à la fontaine*, qui représente une femme richement vêtue jouant de l'instrument posé sur la margelle d'un puits.

L'utilisation sédentaire du Positif permit aux facteurs de lui donner des dimensions de plus en plus importantes et, partant, de lui apporter assez rapidement de nombreuses modifications techniques, prélude aux améliorations perpétuelles qui caractériseront la longue histoire de l'instrument. L'allongement des tuyaux et leur multiplication vers le grave — d'où un clavier plus étendu — permettent bientôt de jouer des deux mains et, par là même, de s'adapter à la complexité nouvelle de l'écriture musicale. En effet, l'orgue n'est plus seulement l'accompagnateur des mélodies mono-

Ci-dessus : ROSCOFF (Finistère). *Détail de la tribune (XVIIe siècle).*

Ci-contre : CAUDEBEC-EN-CAUX (Seine-Maritime), église Notre-Dame. Détail. *Ange de pierre appartenant à la façade de l'église (XVe siècle). Il tient sur ses genoux un petit orgue portatif.*

Ci-dessus : ROUEN (Seine-Maritime), église Saint-Ouen. Détail.
Cette Sainte Cécile ne manque pas de fantaisie. De plus, elle permet de voir quelle idée on se faisait d'un Positif médiéval au début du XVIIe siècle. Celui-ci présente, faussement, plusieurs claviers; les quatre tuyaux d'étain n'ont en outre aucun rapport avec l'orgue qu'ils sont censés faire chanter. On ne doit pas oublier que le propos est décoratif, et que la statue est destinée à être vue de loin.
Page de droite : BRETEUIL-SUR-ITON (Eure).
Détail de la tribune (XVIe siècle).

Gravure allemande du XIXe siècle. On remarquera le dessin de la console, bien plus proche d'un harmonium. Plus fidèle, en revanche, est la représentation de la tuyauterie peinte ou guillochée.

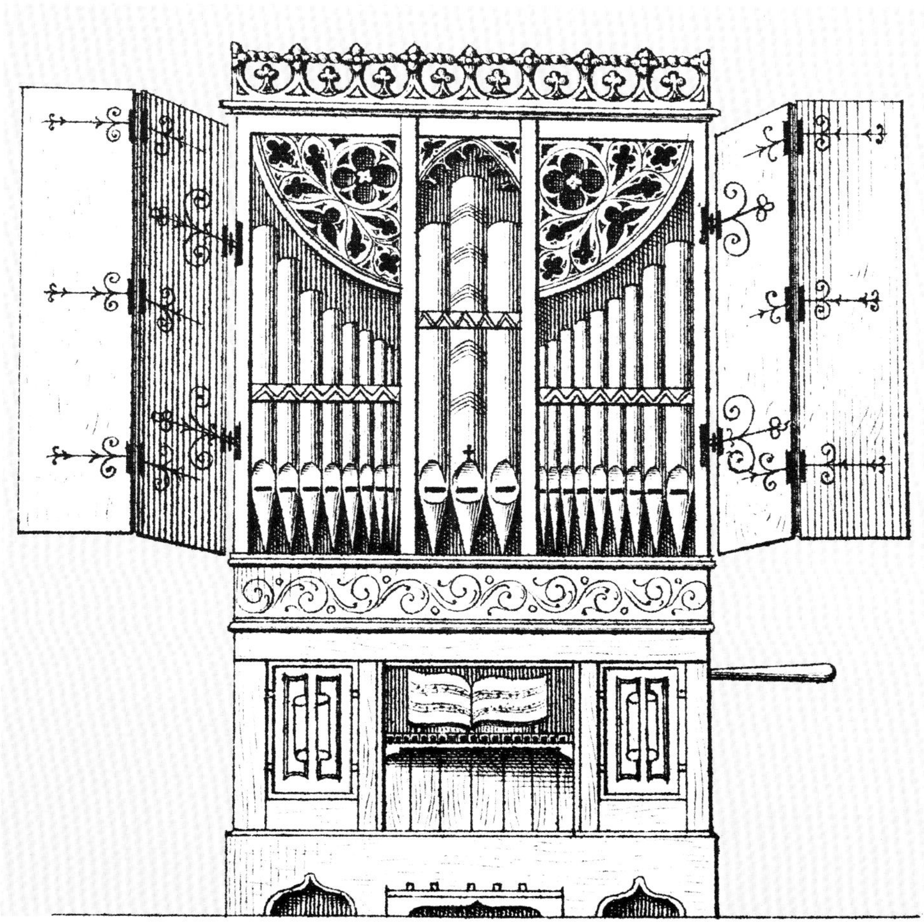

diques du chant grégorien, il participe dorénavant à un ensemble polyphonique où les parties vocales et instrumentales, traitées de façon indépendante, se juxtaposent et s'harmonisent. La puissance du Positif en fait le soutien idéal de ce cœur polyphonique. Mieux, dans l'ensemble vocal ou instrumental, il peut remplacer l'une ou l'autre des voix ou se substituer à l'un ou l'autre des musiciens.

Le Grand Orgue de tribune, enfin, encastré dans son meuble d'ébénisterie, ou buffet, fait son apparition vers la fin du Xe siècle. Selon Jean Perrot, un orgue monumental fixé à demeure sur un emplacement surélevé est installé avant l'an 963 à la cathédrale de Winchester. Il compte vingt-six soufflets, disposés sur deux niveaux et mus par soixante-dix souffleurs qui alimentent quatre cents tuyaux présentés en dix rangées. L'instrument, comme une série d'autres sans doute construits à sa suite dans des dimensions

Ci-dessus : *représentation d'un Positif de type gothique. La ligne supérieure, simple, permet d'imaginer l'apparence primitive des orgues de salon que l'on verra se multiplier à la fin du XIXe siècle.*

Ci-contre : *gravure du XIXe siècle représentant sommairement un Portatif. La sacoche, à droite, actionne le système. Les tuyaux sont disposés en deux rangées. La représentation de la structure de bois est plus fidèle.*

analogues, acquiert une amplitude sonore qui ne peut être maîtrisée puisque, si le clavier s'est allongé, aucun système de « registre » ou « jeu » ne permet encore d'isoler telle ou telle rangée de tuyaux. Il faudra attendre le XIVe siècle pour que ce perfectionnement essentiel soit réalisé. En attendant, le déploiement de cette puissance à la dimension du Créateur étonne et stimule les imaginations, comme le relate le moine Wolstant dans une lettre citée par Jean Perrot : « Pareille au tonnerre, cette voix de fer frappe les oreilles et l'on n'entend rien d'autre que ce fracas... Le chant des tuyaux s'entend par toute la ville et leur renommée ailée se répand dans tout le pays. »

S'il est encore possible de voir quelques Positifs au musée instrumental du Conservatoire national supérieur de musique de Paris, on ne peut malheureusement admirer le Grand Orgue médiéval du XIIe siècle , contemporain de la polyphonie naissante, que par le truchement de reconstitutions graphiques ou de décors de la fin du XVe siècle, lorsque des motifs gothiques ont été utilisés pour orner une tribune ou un buffet. Ces quelques éléments ont d'ailleurs, la plupart du temps, été transformés lors des agrandissements de l'orgue qu'ils contenaient. On en découvre cependant à Levroux, dans l'Indre, à la cathédrale de Perpignan, à celle d'Amiens. Malgré les modifications qu'il a subies au XVIIIe siècle, l'instrument encastré dans le jet de pierre d'une ogive gothique au flanc nord de la cathédrale de Strasbourg, qui date de 1489, reste cependant assez représentatif de ce que put être l'orgue médiéval.

Ci-dessous : VERNON (Eure), église Notre-Dame. Détail.
Buffet en bois sculpté du Grand Orgue (XVIe et XVIIIe siècles).

Ci-contre : SÉLESTAT (Bas-Rhin), église Saint-Georges.
Vitrail représentant un ange jouant du Portatif.

L'ORGUE DE LA RENAISSANCE

A mesure que s'élèvent et que s'allongent les nefs des cathédrales, l'orgue du XVe siècle doit fournir un volume sonore à la mesure des édifices qui l'abritent. Le voilà pris de gigantisme, et certains instruments se voient dotés de près de deux mille tuyaux. Les difficultés de fonctionnement de telles machines allaient pousser les facteurs à rechercher des améliorations techniques devenues dès lors indispensables.

Simultanément, sur le plan architectural, cette grande armoire qu'était jusque-là le buffet d'orgue va devenir une vaste boiserie sculptée, rehaussée d'anges musiciens, d'ornements floraux, de masques et de motifs, ponctuée de redans, de tourelles sur lesquelles jouent les ombres et les lumières, véritables chefs-d'œuvre de l'ébénisterie de la Renaissance. Au Moyen Age finissant, on demande encore du merveilleux à cette grande mécanique qui, bon gré mal gré, doit être aussi un instrument de musique. C'est ainsi que l'on y suspend des hautes poupées de bois animées comme on en voit à Strasbourg, à Saint-Savin, cousines ou plutôt sœurs des jaquemarts décorant les horloges. Ailleurs, c'est la tuyauterie elle-même qui est guillochée ou recouverte de peinture, couleur or au Mans, azur et or à la cathédrale de Rouen. Ces effets plaisent d'autant plus qu'ils participent du jeu théâtral dont témoignent aujourd'hui encore l'horloge de Strasbourg ou les tuyaux dorés de certains Grands Orgues anglais. Parfois, une tête de moine sort en tirant la langue aux fidèles lorsque le réservoir est plein. D'autres facteurs, comme à Troyes par exemple, poussent les recherches plus loin encore. Yvonne Rokseth écrit : « Un homme de Soignies (...) avait, dès 1381, établi au-dessus de l'orgue une roue en bois et ficelle dorée qui tournait lorsque l'orgue jouait. Ce mécanisme trop simple est remplacé en 1420 par un ange sculpté et peint qui tient une trompe également sculptée et peinte. Au-dessus tournent deux étoiles. C'est l'ange du vent. Il embouche la trompette dès que les soufflets entrent en mouvement. Mais au début du XVIe siècle, le spectacle devient plus beau encore, puisqu'à cet ange est substitué un "fol" qui agite des sonnettes. »

Il ne faudrait pas pour autant limiter l'orgue Renaissance à ces détails anecdotiques qui relèvent de sa fonction décorative, même si l'on peut au passage souligner sa filiation directe avec l'orgue de manège des années 1900 – dit limonaire – à la façade animée de cloches, de tambours, de cymbales et d'automates en tout genre.

A l'origine, un et souvent deux organistes actionnaient, pour faire sonner l'orgue, des tirettes disposées à la base des tuyaux qui

Page de gauche et ci-dessus :
LE MANS (Sarthe), cathédrale Saint-Julien. Détails du buffet.

Le transept et le chœur gothique, tous deux accolés à une nef romane, constituent les parties les plus hautes et aussi les plus récentes de la cathédrale. C'est donc dans le bras sud du transept que l'on plaça l'orgue offert en 1519 par le cardinal Philippe de Luxembourg.
Le dessin du buffet est l'œuvre de Symon de Hayeneuve, qui travailla ici après un séjour en Italie. Le buffet se présente comme la synthèse d'un vocabulaire décoratif italien et d'une architecture aux multiples tourelles tout à fait dans le goût français. Le facteur chargé de l'instrument lui-même fut Pierre Bert. Comme dans bien des régions de France, l'orgue de Saint-Julien fut victime des guerres de Religion à la fin du XVIe siècle. Vers 1650, une grande restauration — reconstruction devrait-on dire — fut confiée à Jean et François de Héman, alors parmi les plus célèbres facteurs parisiens. Une bonne part de l'orgue actuel est le fruit de leur travail. Admirable structure de quatre claviers/pédalier, il dura jusqu'en 1846, date à laquelle des facteurs peu scrupuleux, les frères Claude, de Mirecourt, artisans malhonnêtes protégés des autorités et dont les méfaits furent nombreux, le transformèrent en agrandissant le troisième clavier de Récit. Ce qui demeurait encore de certains jeux de détail fut à nouveau sérieusement endommagé lors d'un important travail de l'abbé Tronchet en 1912. L'orgue ne possédait alors plus que trois claviers/pédalier.
Heureusement, une bonne partie du vieux matériel sonore demeurait. En 1958, une nouvelle restauration débuta qui sera successivement l'œuvre de Chéron, de Beuchet et de Gonzalez. Grâce à leurs efforts, l'orgue a retrouvé ses quatre plans manuels. Terminée assez tardivement, cette opération mériterait d'être reprise de nos jours. La beauté, tant du buffet Renaissance que du matériel sonore, l'impose.

1
8

y laissaient pénétrer l'air sous pression. Le système était fort peu maniable et il fut rapidement supplanté par un clavier relié aux tuyaux — à présent munis de soupapes — par un mécanisme articulé de transmission, qui regroupa en un espace restreint l'ensemble des commandes des notes.

De part et d'autre du clavier, un dispositif complémentaire permit de sélectionner les timbres en agissant sur des manettes, tandis que l'invention du sommier à registres individualisant les timbres et les hauteurs de sons rendit possible l'utilisation de plusieurs jeux ou types de tuyaux. Ainsi s'organise le « fond d'orgue » avec des étagements octaviés, soutien du plénum, formé de rangées de tuyaux chantant les harmoniques.

Un seul musicien, assis bientôt devant plusieurs claviers, put alors parfaitement maîtriser l'instrument avec la seule aide des souffleurs, qui, eux, demeureront jusqu'à l'électrification de la soufflerie au XXe siècle.

L'utilisation du Grand Orgue en deux éléments, ou d'un Grand Orgue et d'un petit instrument destiné généralement à soutenir les voix, va déterminer l'évolution des emplacements.

Le petit orgue s'impose près du chœur, d'ordinaire sur un jubé, soit dominant la croisée du transept comme à Auch, soit sur un des bas-côtés comme à Lamballe, alors que le Grand Orgue qui joue en soliste est installé à l'endroit où le rendement acoustique est le meilleur. Ainsi sera-t-il édifié sur un vaste balcon ou un nid d'hirondelle fixé en saillie à l'un des murs de la nef comme à Metz, à Strasbourg, à la Ferté-Bernard ou à Chartres. La plupart du temps, on le dispose sur une tribune construite au fond de la nef

---

Double page précédente :
AIRE-SUR-LA-LYS (Pas-de-Calais), église Saint-Pierre. Détail.
Bien avant la Révolution, l'église possédait un orgue puisque le facteur Louis Labour y a travaillé en 1758. Mais l'instrument qu'on admire actuellement est dû à la commune d'Aire-sur-la-Lys qui, en 1792, sut profiter de ventes des biens d'église pour acquérir l'orgue de l'abbaye voisine de Clairmarais.
Le Positif et le centre de la façade dateraient de 1633 et auraient été agrandis à la fin du XVIIe siècle. On note dans la qualité des proportions et l'accumulation de la sculpture très baroque l'influence des Flandres toutes proches, dans une région qui ne deviendra française que sous Louis XIV. Le décor Renaissance s'impose, tout comme sur certaines façades lilloises ou sur des boiseries d'orgues belges. C'est le facteur Jean François II Guilmant qui se chargera du transfert et du remontage à Aire-sur-la-Lys. Ce facteur, le deuxième d'une dynastie marquante dans sa région, était l'ancêtre d'Alexandre Guilmant, compositeur, musicologue, professeur (singulièrement de Marcel Dupré) et organiste du Cavaillé-Coll de la Trinité de Paris au début du XXe siècle. En 1924, l'orgue fut relevé par Cruchley, mais endommagé par la guerre, il fut, pour la partie sonore, reconstruit en 1961 par la maison Merklin de Lyon.

Ci-dessus et ci-contre :
CAUDEBEC-EN-CAUX
(Seine-Maritime), église Notre-Dame.
Détails.

*L'instrument remonte à la Renaissance. Édifié vers 1542 par Antoine Josseline et Gilbert Cocquerel, il possède une structure à quatre tourelles, dont vont s'inspirer les facteurs normands de façon très fréquente jusqu'au XVIII*e *siècle.*
*La richesse de son décor doit être considérée comme naturelle, dans une province où l'influence italienne fut marquante pendant le XVI*e *siècle autour de Rouen et surtout au château de Gaillon, domaine des archevêques de Rouen. Tel quel, le Grand Orgue est proche d'une série d'autres buffets de la région, contemporains de celui-ci. On peut admirer les plus beaux à Saint-Maclou de Rouen et au Grand-Andely.*
*C'est au XVIII*e *siècle que Jean-Baptiste-Nicolas Lefèbvre et son frère Louis, facteurs à Rouen, ajoutèrent le Positif. Sa boiserie l'apparente à toutes les œuvres de ces organiers, le schéma étant identique à Saint-Étienne de Caen et à Sainte-Catherine d'Honfleur.*
A la suite de la dernière guerre, Pierre Chéron entreprit une restauration entre 1956 et 1959 et l'ensemble fut repris par Ermann et Haerpfer en 1972. L'orgue, à traction mécanique, possède quarante-quatre jeux répartis sur quatre claviers/pédalier.

centrale, parfois – plus rarement – à l'extrémité d'un bras du transept comme à Reims, à Tours ou au Mans.

Cet univers sonore qui s'amplifie, ces claviers qui se multiplient et qui s'étoffent exigent une tuyauterie plus longue et plus encombrante qu'il va falloir loger dans le buffet, tout en préservant la qualité sonore de l'émission.

Ci-dessus et ci-contre : MORET-SUR-LOING (Seine-et-Marne), église Notre-Dame.
L'orgue de Moret-sur-Loing est l'un des plus vieux de France (1535 environ). Le buffet Renaissance, très simple, est posé sur une tribune dont le décor et la structure sont peut-être encore plus anciens. Une signature, « L. Cornvet », marque l'un des panneaux.
A partir de 1840, il a été vidé de sa tuyauterie d'origine. Il comptait alors une quinzaine de jeux sur deux claviers, le second ayant sans doute été rajouté au XVIIe siècle.
L'organiste était François de Lacourcelle, inhumé sous l'orgue en 1761. Son descendant, Lucien, lors de la Révolution, protégea l'instrument et en fut à nouveau titulaire à la réouverture de l'église au culte.
Cet orgue vient d'être heureusement restauré.

La transformation est réalisée en disposant les tuyaux par panneaux, les plates-faces jouant avec l'alignement des bouches, comme à Moret-sur-Loing et à Nonancourt.

Très vite, on isole les plus grandes flûtes, regroupées en tourelles et qui rompent, par leur hauteur, une perspective trop stricte. C'est le cas des orgues de Breteuil-sur-Iton, d'Aumale, de Gournay-en-Bray, de Lorris et de Gonesse. Enfin, ces grandes tourelles s'animent elles aussi. Elles perdent leur disposition rectiligne pour se présenter en demi-cercle ou en triangle. Cette maîtrise acquise par les facteurs français inspire à son tour les architectes. Elle va trouver sa quintessence dans l'extraordinaire boiserie du buffet de la cathédrale de Chartres.

Alors que trois orgues normands, ceux de Caudebec-en-Caux, du Grand-Andely et de Saint-Maclou de Rouen, ont une structure rigoureuse rythmée par l'alignement des quatre grandes tourelles, les grands chantiers de Rouen et de Gaillon font des emprunts plus manifestes au vocabulaire décoratif italien, caractérisé par la liberté très grande laissée à une imagination jamais prise en défaut. La boiserie Renaissance s'orne, pour le seul plaisir des yeux, de conques, de vasques, de colonnettes.

Des statuettes, des lanternes couronnent les tourelles, alors que les claires-voies et les frises, en un délire d'ébénisterie, se couvrent de grotesques et de médaillons. La base du buffet, ou massif, et le balcon de la tribune offrent, quant à eux, des motifs sculptés en ronde bosse ou en relief. Dépassant sa fonction musicale, l'orgue devient alors pour l'édifice religieux une décoration permanente, subtile, la pérennisation sculptée de l'éphémère, éblouissement d'un moment de fête.

Page de droite : AMIENS (Somme), cathédrale Notre-Dame.
Souvent restauré, l'orgue de la cathédrale d'Amiens remonte au XVe siècle.
La tribune et une partie de la boiserie du Grand Orgue ont été offertes en 1429 par Alphonse de Mire.
Celui-ci fut d'ailleurs inhumé sous l'orgue, en 1458, avec son épouse Massine de Hainant. Leur tombe, en cuivre gravé, a disparu pendant la Révolution, mais il demeure un relevé effectué alors, qui nous présente les donateurs tenant l'orgue. Celui-ci, avec ses trois tourelles carrées, ses gâbles, son décor, pourrait avoir été conservé en partie dans le grand buffet actuel.
La partie supérieure de l'orgue fut transformée et agrandie au milieu du XVIe siècle.
C'est seulement en 1620 que fut ajouté le Positif, dans un style très XVIIe siècle.
L'instrument fut repris complètement au XIXe siècle par Cavaillé-Coll, qui l'enrichit, entre autres, d'un Récit dont la boîte expressive est visible en arrière de la tourelle centrale. La tuyauterie de cet orgue romantique fut réquisitionnée en partie pendant la guerre de 1914 et reconstituée dans l'esprit de Cavaillé-Coll, entre les deux guerres.

DE L'ART VOCAL A L'ART INSTRUMENTAL

Si l'histoire de l'art nous fournit une iconographie extrêmement riche qui retrace avec une assez grande finesse l'évolution de l'orgue et de son emploi en Égypte, dans les mondes hellénistique et romain, dans les empires d'Orient et d'Occident, aucune littérature en revanche ne nous décrit précisément les formes musicales interprétées sur l'instrument à ces différentes époques.

Les débuts du christianisme seront marqués par une volonté de rupture totale avec les arts en faveur dans l'Antiquité romaine. Comme la peinture et la sculpture, la musique subira les foudres des Pères de l'Église, pour qui toute activité d'ordre artistique relève du paganisme. L'un des plus célèbres et des plus brillants parmi les premiers écrivains chrétiens, Tertullien (155-222), converti à la foi nouvelle à l'âge de quarante ans, se déchaînera tout particulièrement dans son fameux *De Spectaculis* contre la musique. Celle-ci ne disparaîtra pas pour autant puisque, comme nous l'avons vu, ce sont les communautés ecclésiastiques où se pratiquait le chant grégorien qui ont facilité l'expansion de l'orgue en Occident. Mais la musique profane n'en est pas moins longtemps restée suspecte. Au VIe siècle, Grégoire le Grand écrivait à Didier, évêque de Vienne : « Considérez qu'il est grave et criminel de chanter des vers, chose qui ne convient même pas à un pieux laïque. »

Le caractère communautaire de la pratique religieuse au Moyen Age explique sans doute que les pionniers de l'orgue soient le plus souvent demeurés dans l'anonymat, à l'instar des imagiers des

---

Pages précédentes : ROUEN (Seine-Maritime), église Saint-Maclou. Détails.
L'ensemble de Saint-Maclou de Rouen est l'un des plus beaux de la Renaissance française. L'accès à la tribune se fait par un escalier attribué à Jean Goujon. La façade de celle-ci est ornée de bas-reliefs représentant les apôtres. Le Christ, au centre, a disparu en 1627 avec la construction du Positif. Le grand buffet, œuvre de Martin Guillebert et de Nicolas Castille, date de 1520. En 1540, l'instrument était achevé; œuvre d'Antoine Josseline, il comportait deux claviers/pédalier. Outre le décor italien du buffet, on peut admirer les reliefs du massif, de part et d'autre de la console. Des personnages bibliques et des anges musiciens ornent chaque panneau. Enrichi d'un Positif au XVIIe siècle, l'orgue fut reconstruit par Charles Lefebvre en 1732.
Au XIXe siècle, Merklin de Lyon le transforma en instrument de type symphonique avec deux claviers/pédalier. A la suite de la reconstruction de l'église endommagée par la guerre, l'orgue fut repris par Haerpfer-Ermann en 1965.
Il comprend actuellement trente-cinq jeux sur trois claviers/pédalier.

NONANCOURT (Eure), église.
Détail.
La tribune qui supporte l'orgue de Nonancourt remonterait au gothique flamboyant, comme en témoignent les motifs des panneaux sculptés. L'orgue lui-même, de structure parallélépipédique, est un bon exemple de petit instrument normand du XVIe siècle.
Comme c'est très souvent le cas, le massif présente des reliefs sculptés, ici quatre musiciens jouant du luth, de l'orgue positif, de la harpe et de la viole de gambe. Au niveau supérieur, l'ensemble est beaucoup plus proche de l'art italien. En effet, la disposition des tuyaux en cinq plates-faces évoque naturellement les orgues de la péninsule, tels qu'ils sont décorés dès la Renaissance. Quant aux sculptures (grotesques, chimères et piliers décorés de candélabres), elles s'inspirent des fresques des loggias de Raphaël au Vatican.
En même temps que l'orgue, le buffet subit des restaurations importantes au XIXe siècle, époque à laquelle remontent les médaillons sculptés de part et d'autre. Datée de 1889, la partie instrumentale est l'œuvre des frères Stoltz. De style romantique, elle présente dix jeux répartis sur deux claviers/pédalier.

cathédrales qui, eux aussi, œuvraient pour le salut de l'humanité. L'Église avait alors compris que les arts et la musique pouvaient servir ses desseins. Et vers le milieu du XIIIe siècle, Thomas d'Aquin pouvait rompre définitivement avec les anathèmes jetés aux premiers siècles de son histoire contre la musique et louer un instrument tout particulièrement propre à élever l'âme des fidèles.

Des noms s'imposent bien vers la fin du XIIe siècle à Notre-Dame de Paris, comme ceux de Léonin ou de Pérotin, mais ces compositeurs doivent davantage leur célébrité aux pièces polyphoniques purement vocales qu'ils signèrent — les « organa », dont l'appellation particulièrement trompeuse prête à confusion – qu'à leur musique pour orgue dont nous ne savons pas grand-chose, même s'il

---

Page de gauche : STRASBOURG (Bas-Rhin), cathédrale. Détail.
Accroché en nid d'hirondelle au côté nord de la nef, l'orgue de la cathédrale de Strasbourg, au décor bleu, vert, rouge et or, attire tous les regards des visiteurs depuis sa récente restauration. En réalité, cet ensemble parfait est le fruit d'une longue histoire et, à le bien regarder, on y trouve une étonnante synthèse d'éléments très disparates mais magnifiquement mêlés. La tribune en cul-de-lampe paraît être l'élément le plus ancien. Elle remonterait, pour le pendentif situé à son extrémité inférieure, à 1385. L'orgue pour lequel ce motif fut sculpté avait été précédé de trois autres instruments, construits et remodelés en 1260, 1292 et 1327.
En 1434, l'ensemble fut renouvelé, mais c'est en 1491 que le facteur Krels réalisa l'essentiel de la boiserie avec ses deux buffets, ses bois découpés et, à cette époque, de grands volets peints pour protéger la tuyauterie. Ces volets devaient s'apparenter au retable d'Issenheim qui fait la gloire du musée de Colmar.
Pendant le XVIe et le XVIIe siècle, l'orgue fut reconstruit, amélioré, mais on conserva soigneusement la boiserie.
En 1716, le facteur Silbermann devait reconstruire totalement l'instrument, tout en conservant les buffets, la tribune et une petite partie de la tuyauterie. Il travailla longtemps à son projet, avec le désir de « baroquiser » la boiserie, mais sans supprimer les volets, l'essentiel de son travail portant sur l'orgue lui-même. Celui-ci possédait trois claviers/pédalier et trente-neuf jeux.
Le XIXe siècle s'achève avec l'annexion allemande. En 1897 l'orgue est refait par Koulen; il est démonté en 1908 et réquisitionné pour ses parties métalliques en 1917. En 1927 Roethinger procède à une restauration qui est en fait la reconstruction totale de l'orgue. Il conserve le buffet et quelques tuyaux anciens. Enfin, en 1981, Alfred Kern, de Strasbourg, achevait ici une restauration exemplaire. Incorporant le matériel ancien dans les vieux buffets polychromes restaurés avec un soin parfait, il constituait ainsi un ensemble à l'esthétique très proche de celle de Silbermann, au XVIIIe siècle, synthèse totale des styles baroques français et allemand.
L'orgue est composé de trois claviers/pédalier, il possède aujourd'hui quarante-sept jeux.
De part et d'autre du pendentif, on notera la présence des deux grandes poupées animées, typiques de l'orgue médiéval et de ses accessoires.

Sur les deux pages : LES ANDELYS (Eure), église Notre-Dame du Grand-Andely. Détails.
L'orgue du Grand-Andely est sans doute l'un des plus typiques de la facture normande. Sa silhouette caractéristique, avec les quatre tourelles, schéma adopté dans la région jusqu'au XVIIIe siècle, a gardé sa fraîcheur initiale puisque l'on n'a pas rajouté de Positif. La tribune et le massif présentent des panneaux sculptés en bas-reliefs, tout comme à Rouen (Saint-Maclou) ou Caudebec. Cette boiserie datée de 1542 est signée Martin Guillebert, à qui l'on doit l'orgue de Rouen.
On admirera l'extraordinaire raffinement des sculptures et on l'expliquera par la faible distance entre Les Andelys et le grand chantier Renaissance du château de Gaillon.
Construit par Nicolas Daveneste, l'instrument fut restauré en 1641 par Guillaume Lesselier, facteur d'origine écossaise installé à Rouen.
En 1891, Cavaillé-Coll reconstruisit totalement la partie instrumentale; elle demeure aujourd'hui une parfaite illustration de la grande facture symphonique. L'orgue comprend deux claviers/pédalier et possède vingt-quatre jeux.

paraît probable qu'ils utilisèrent l'instrument pour assurer l'accompagnement des voix.

En 1416, toujours à Notre-Dame de Paris, « Maître Henry » remplace Renaud de Reims, et des documents d'époque ne nous laissent rien ignorer de son salaire ni de ses obligations : il reçoit 26 livres parisis par an, il touche le clavier aux vêpres et à la messe, et il est tenu d'assurer les réparations de son instrument. Cette clause, courante jusqu'au XVIIe siècle, nous éclaire sur le lien très matériel qui unit, dès l'origine, l'instrument à l'instrumentiste et qui fait de lui à la fois un artiste et un artisan. L'organiste se doit non seulement d'accorder et d'harmoniser les tuyaux, mais aussi de revoir la mécanique et même de recoudre les pièces de cuir qui assurent l'étanchéité du cœur de la machine (on peut d'ailleurs noter de nos jours un retour très net à cette pratique : un orgue en bon état est aujourd'hui révisé régulièrement — en moyenne deux fois par an — par son facteur; mais, entre les passages du spécialiste, la plupart des organistes n'hésitent pas à plonger dans leur instrument et à procéder eux-mêmes aux opérations d'entretien courant).

Bien souvent, c'est le fabricant de l'orgue lui-même qui est appelé à en devenir le premier titulaire. Au XVIIe siècle, lorsque la facture d'orgues se régionalise, la vie de nombreux facteurs-musiciens se déroule ainsi dans un espace géographique relativement restreint, délimité par les cinq ou six tribunes dont ils sont titulaires : existence un peu foraine malgré l'assurance de revenus réguliers que

---

Page de droite : LORRIS (Loiret), église.
Avec l'orgue de Lorris, l'amateur trouve l'un des plus anciens exemples de facture française, d'autant plus remarquable que l'essentiel daté des XVIe et XVIIe siècles nous est parvenu très fidèlement conservé.
La situation, en nid d'hirondelle accroché au côté sud de la nef, est typique de quelques orgues dont l'origine remonte à la fin du Moyen Age. Ici la tribune est à pans coupés; elle soutient le buffet plat mais animé par des tourelles et une disposition des plates-faces sans doute empruntée à l'Italie. Le décor est, lui aussi, des plus raffinés : relief sur le massif, sculptures découpées des claires-voies, frises et entablements.
Un unique document d'archives précise que l'orgue fut restauré en 1681, mieux, reconstruit par le Père Desfontaines, qui conserva, toutefois, une partie de la tuyauterie du XVIe siècle. L'ensemble était de dix jeux, sur clavier, sonnant dans une esthétique « baroque française ».
Il semblerait que la jalousie entre deux organistes ait été, à la fin du siècle dernier, à l'origine de la ruine de l'orgue. L'un d'eux, ayant été écarté pour l'accompagnement musical de la messe de minuit au profit de son collègue se serait vengé en lardant la tuyauterie de coups de couteau. Des traces du forfait furent retrouvées à l'occasion de la récente restauration effectuée entre 1970 et 1974 par le facteur J.G. Koenig de Sarre-Union; elle a permis de ressusciter cet instrument.

Sur les deux pages : L'ÉPINE (Marne), église Notre-Dame de L'Épine. Détail.
On sait peu de chose de l'orgue de Notre-Dame de L'Épine, magnifique église flamboyante située seulement à quelques kilomètres de Châlons-sur-Marne, lieu d'un important pèlerinage.
*L'instrument, aujourd'hui en mauvais état, se présente dans un large buffet qui pourrait, comme la tribune qui le supporte, remonter au XVI*e *siècle.*
Sa décoration l'apparente à la Renaissance.
Les personnages ornant les panneaux de la tribune font tous en effet penser à la Renaissance italienne.
*Les bords du buffet, comme souvent au début de l'époque classique, ainsi qu'on le voit à Nantes dans la cathédrale du XVII*e *siècle, sont ornés de figures de harpies terminées en rinceaux. Le lien se fait immédiatement avec le décor des « figures de proue » ou encore avec l'influence toujours vivace des grotesques dont Raphaël a orné les loggias du Vatican.*
*L'orgue, d'après Félix Raugel, daterait du milieu du XV*e *siècle.*
Il devait sans doute posséder deux claviers/pédalier.
En 1836, une restauration avait ramené l'ensemble à un clavier et à douze jeux.
*La décoration est assez étroitement liée à la musique, avec les sept planètes correspondant aux sept notes de la gamme, et les douze apôtres correspondant aux douze versets du Credo et aux douze modes du Plain-Chant, codifiés, eux aussi, vers le milieu du XVI*e *siècle.*

procure le règlement des instruments construits, lesquels sont généralement payés en dix annuités.

La vogue de l'orgue au Moyen Age et au début de la Renaissance déborde assez largement, on l'a vu, le cadre des lieux sacrés. On peut imaginer, à la vue des tapisseries ou des miniatures de cette époque, le plaisir qu'une dame de qualité pouvait prendre à contempler le beau Positif qui ornait son salon et à laisser rêveusement courir ses doigts sur son clavier. L'air qu'elle interprète est-il la transcription de ces compositions vocales ou de ces danses que « double » si souvent le petit Portatif accroché à l'épaule d'un musicien ambulant ? L'improvisation joue sans doute déjà un rôle important, mais rien ne nous permet de deviner ce que fut le répertoire de l'instrument avant 1530, date à laquelle les premières tablatures furent gravées chez l'éditeur parisien Pierre Attaingnant. D'un style déjà affirmé par rapport aux œuvres que composent alors abondamment les Italiens et les Allemands, ces courtes pièces sont tout autant destinées à l'Église qu'aux amateurs profanes. Déjà y transparaît ce goût typiquement français pour une structure musicale dont le « code génétique » est le langage parlé. L'ajout d'ornements et de développements thématiques adapte par ailleurs parfaitement ces mélodies à l'utilisation qui en est faite sur l'instrument et à la technique du clavier.

Si certains ne veulent voir dans cet art naissant que les prolégomènes du véritable langage de l'orgue, fondé sur les subtilités de la polyphonie et du contrepoint dont ils attribuent la paternité au seul Jean-Sébastien Bach, l'Europe du milieu du XVIe siècle tout entière ne s'enthousiasme pas moins — et à juste titre — pour ce type d'écriture qui transpose à merveille le genre préféré de l'époque, le madrigal. De Tournai à Florence, de Madrid à Bruges, les musiciens façonnent une syntaxe souple héritée de ces courtes pièces et influencée par l'écriture polyphonique développée par l'école vénitienne des maîtres de chapelle de la basilique Saint-Marc.

Un des plus grands polyphonistes, Adriaan Willaert, compositeur franco-flamand que ses voyages mènent du sud de l'Italie au nord du continent, adapte tout naturellement au clavier d'orgue ces recherches à plusieurs voix. C'est ainsi qu'entre dans le répertoire de notre instrument le ricercare, mais aussi la canzone, transposition méridionale de la chanson à la française, dont les accents s'appuyent sur le fameux code rythmique propre au langage des musiciens de ce pays.

On peut considérer qu'à la fin de la Renaissance, avec Willaert, puis avec Andrea Gabrieli pour l'Italie, avec Cabezón, organiste espagnol de Charles Quint et de Philippe II, et avec les maîtres anglais et allemands, les bases essentielles de la musique d'orgue sont définitivement jetées. Très vite, le goût porté par le public à la transposition instrumentale de musiques entendues ailleurs rejoint la pensée créatrice de ces novateurs qui, instinctivement, perçoivent le potentiel de cet art polyphonique issu de l'expression vocale dont ils vont permettre le plein épanouissement dans le domaine de l'orgue. Et il est intéressant de noter que cette forme musicale est si parfaitement adaptée à l'instrument que les écarts esquissés en direction d'une écriture organistique plus verticale, plus proche de la littérature consacrée à d'autres instruments, ne déboucheront jamais sur la création de styles durables.

Le rôle de l'Italie, et singulièrement de l'école de Venise, fut, il faut le redire, essentiel : la basilique Saint-Marc possède plusieurs tribunes dotées d'orgues, ce qui permet une écoute stéréophonique d'avant la date. La magnificence des offices qui y sont célébrés et la part importante accordée à la musique dans l'expression du culte font de la ville un centre musical attirant les compositeurs du monde entier, et ils favorisent le recrutement d'organistes imaginatifs et ambitieux qui exerceront un rayonnement européen considérable; citons parmi eux Claudio Merlotti, dit Merulo, dont les œuvres annoncent celles de Frescobaldi, Andrea Gabrieli et son neveu Giovanni Gabrieli, à qui l'on doit, avec les *Intonazioni preludianti*, une préfiguration du prélude vocal, et, à partir de 1613, Claudio Monteverdi, dont la contribution décisive au drame lyrique ne doit pas faire oublier qu'il fut aussi un instrumentiste puissamment novateur.

DREUX (Eure-et-Loir), église Saint-Pierre. Détail. *Le buffet est daté de 1614, mais la partie instrumentale a été reprise par Aristide Cavaillé-Coll dans la seconde moitié du XIXe siècle.*

PARIS, église Saint-Nicolas-des-Champs. Détail. *Dès 1358, on note la présence d'un orgue dans cette église. L'instrument fut reconstruit en 1521 et à nouveau en 1610, cette fois les travaux étant dûs à Valéran de Héman, et le Positif fut ajouté vers 1650 par Pierre Thierry. Au XVIII*^e^ *siècle, le facteur Claude Ferrand, qui travaille à l'orgue de Saint-Séverin de Paris, agrandit encore l'instrument.*
A la fin du XIXe *siècle, Abbey, puis, au début des années trente, Victor Gonzalez travaillèrent ici et, en 1958, Alfred Kern restaure en partie ce superbe ensemble dont l'essentiel remonte à la période baroque.*
L'orgue comprend cinq claviers/pédalier et cinquante-sept jeux.
C'est, malgré son mauvais état mécanique, l'un des plus beaux instruments de la capitale.

L'orgue baroque dans l'Eglise de la Contre-Réforme

C'est aux arts que l'Église, ébranlée par les réformistes, empruntera les séductions dont elle a besoin pour entreprendre la reconquête des âmes. L'orgue français du XVIIe siècle traduit bien cet extraordinaire engouement de toute une société pour les excès esthétiques de l'univers baroque. L'instrument et sa musique s'imposent alors comme le révélateur des aspirations des chrétiens réunis pour atteindre, par l'intermédiaire de la musique, l'élévation de l'âme mais aussi le bonheur de l'instant.

L'ORGUE PRÉCLASSIQUE DU XVIIe SIÈCLE

Le XVIIe siècle, sous les règnes d'Henri IV puis de Louis XIII, sera celui de l'orgue baroque français. L'art semble avoir retrouvé une vitalité nouvelle après les épreuves des guerres de Religion qui ont ensanglanté non seulement la France mais aussi l'Europe entière. L'édit de Nantes imposé par Henri IV en 1598 a réussi à calmer les esprits — du moins pour un temps —, et les artistes dans un nouvel élan créatif se font désormais les interprètes de cette sérénité retrouvée.

Ce qui sort des cartons des architectes, de la palette des peintres, de la gouge des huchiers se caractérise alors par une sorte de débordement spontané de couleurs et de formes. Aux fastes de Venise et des édifices italiens répondent comme en écho des

Page d'ouverture et page de gauche : MEAUX (Seine-et-Marne), cathédrale Saint-Étienne. Détails du buffet du Grand Orgue.
La construction de cet orgue fut entreprise en 1627 par Valéran de Héman, facteur bien connu pour ses travaux particulièrement réussis dans la région parisienne.
La structure générale, avec ses deux buffets et l'articulation sobre des trois tourelles liées à l'entablement rectiligne des plates-faces, ainsi que le resserrement du massif que l'on remarque sur les côtés, est typique du milieu du XVIIe siècle français.
Elle amorce une démarche évidente vers le classicisme.
Une restauration importante fut effectuée au XVIIIe siècle par les soins de François Henri Clicquot, et, en 1934, Victor Gonzalez expérimentait ici ses premières recherches vers un retour au classicisme.
L'orgue a finalement été complètement restauré en 1980 par les Établissements Gonzalez.
L'instrument comprend aujourd'hui cinq claviers/pédalier et soixante-sept jeux.

Sur les deux pages : PARIS, Saint-Étienne-du-Mont.
Dès le XVIe siècle, un instrument avait précédé l'orgue actuel. La construction de celui-ci fut achevée en 1636 avec Jehan Buron pour la boiserie et le Pescheur pour la partie instrumentale.
Si les éléments des claires-voies, les harpies latérales procèdent bien du baroque, la ligne stricte des frises, les dômes à imbrications, les statues doivent déjà tout au classicisme français. Le massif est orné de deux grands bas-reliefs, celui de gauche montre le Christ tétramorphe et le chœur des vieillards de l'Apocalypse chantant sa gloire; celui de droite représente Moïse et les Enfants d'Israël.
Au XVIIe siècle, Buterne, organiste à la Chapelle royale de Versailles, en fut le titulaire. A la fin de la restauration menée par Nicolas Somer et François-Henri Clicquot, Lasceux en fut nommé titulaire.
En 1873, la partie instrumentale fut revue par Cavaillé-Coll, travail révisé en 1922 par Puget. A partir de 1930, Maurice Duruflé en fut le titulaire. L'orgue fut reconstruit par Beuchet-Debierre entre 1956 et 1973 et complété depuis par les Établissements Danion-Gonzalez. Il compte plus de quatre-vingt-dix jeux répartis sur quatre claviers/pédalier. La console — électrifiée — se trouve sur une tribune à droite de l'instrument.

couleurs éclatantes, des lignes un peu épaisses mais marquées de cette vitalité qui anime toute une jeunesse exaltée, empreinte des élans passionnés de la Contre-Réforme.

Nécessité oblige, il faut, dès la fin des guerres qui ont meurtri le XVIe siècle, reconstruire. Malgré des difficultés internes qui dureront jusqu'à la Fronde — c'est-à-dire jusqu'au milieu du XVIIe siècle —, malgré les heurts dramatiques entre factions rivales dressées contre le pouvoir royal, la France, sous l'impulsion du pouvoir royal, reconstitue son patrimoine. La plupart des édifices religieux qui avaient été la cible privilégiée des protestants ont été dépouillés de leur mobilier et, le plus souvent, de leurs orgues qu'il faut à présent remplacer.

Les facteurs, qui, jusque-là, se déplaçaient de ville en ville, voire de pays en pays, selon les commandes et les chantiers à lancer, ne parviennent plus à faire face à la demande.

Les cathédrales, les collégiales, mais aussi les simples paroisses de quartier comme les églises des bourgs veulent se doter d'instruments, orgues à deux claviers et pédalier avec ajout d'un Positif pour les régions plus aisées, simples orgues à clavier unique pour les plus modestes.

Des écoles régionales de facture se créent donc un peu partout et la profession manifeste une vitalité extrême, favorisée par le dynamisme de personnalités musicales comme Mersenne, théoricien érudit, ou le chanoine Jehan Titelouze (1563-1633), organiste de la cathédrale de Rouen en 1610, qui fut l'un des maîtres les plus importants de son temps.

Avec ce compositeur et virtuose expert en facture, les bases de la musique d'orgue française sont définitivement jetées, et l'instrument prend une dimension qui, si l'on excepte quelques adjonctions relativement mineures apportées par la suite, restera inchangée jusqu'aux transformations fondamentales de l'époque romantique.

Le ou les claviers manuels acquièrent jusqu'à quarante-cinq touches, voire quarante-neuf, qui permettent de monter dans l'aigu.

Ci-contre : LAMPAUL-GUIMILIAU (Finistère), église.
Détail de la tribune exécutée par Bras en 1650.

Page de droite : MANOSQUE (Alpes-de-Haute-Provence), église Saint-Sauveur.
De petites dimensions mais, typique d'une architecture provençale enrichie de polychromie, cet orgue, daté du début du XVIIe siècle, a été construit par Esprit Meyssonier.
On ne sait pas grand-chose sur ce bel instrument, sinon qu'il fut repris dans un style très italien par Piantanida en 1826. Fort bien restauré, il est toujours dans un parfait état de conservation, excellente illustration d'une facture marquée à la fois par la France et par l'esthétique italienne.

IHS

Par contre, et cela pour longtemps, ni les claviers manuels ni la pédale ne possèdent de premier *ut* dièse grave. La note paraît inusitée, et les facteurs font ainsi l'économie des grands tuyaux nécessaires à son émission.

Le monde sonore des registres, quant à lui, présente un plénum appuyé sur une montre de huit ou seize pieds, descendant à l'aigu sur les fournitures et les cymbales. Toujours dans les jeux à bouches, on apprécie une série de registres, les flûtes, utilisées en solistes ou étagées jusqu'à des harmoniques de quinte et de tierce avec lesquelles elles forment le cornet. Les anches s'organisent autour de la trompette pour le Grand Jeu, mais on se plaît aussi aux solos avec hautbois, cromorne et voix humaine, sans pour autant négliger une série d'accessoires baroques qui seront pleinement conservés jusqu'au XIXe siècle : le tonnerre, le tremblant qui provoque l'ondulation du son ou même le pittoresque rossignol dont les tuyaux soufflent dans l'eau à l'imitation de l'appeau bien connu des enfants.

Si les structures sonores de l'orgue, comme celles de la musique organistique elle-même, évoluent rapidement vers une sorte de nationalisme, l'aspect architectural de l'instrument se diversifie en un particularisme régional.

Une province domine, celle de Jehan Titelouze, la Normandie, qui impose à Paris un type d'orgue qui devient celui d'une grande partie de la France, son rayonnement allant jusqu'à la Bretagne. Les provinces du Sud ou de l'Est restent attachées à leur caractère spécifique, et l'orgue n'échappe pas à cette tendance, bien qu'un courant décoratif venant d'Italie, et peut-être aussi des décors des ballets de cour français, laisse la place à une fantaisie où figures sculptées grotesques et rinceaux envahissent le buffet avec une liberté qui irrite parfois, mais qui force toujours l'admiration.

En règle générale, l'orgue d'origine normande affirme sa rigueur architecturale par le jeu des frises horizontales très marqué et la disposition fort accentuée des tourelles. L'un des plus beaux ensembles normands, Saint-Ouen de Rouen, s'italianise encore avec une succession de courbes au sommet des plates-faces. Mais la montée, l'importance des tourelles encadrant le grand buffet aussi bien que le Positif imprimeront à cette profusion agitée une puissance qui redonne à l'ensemble la force de sa structure. Là comme ailleurs, comment ne pas admirer le raffinement de la sculpture, qui rehausse les panneaux du massif de part et d'autre de la console, ainsi que celui des motifs en bas relief et des supports des tourelles et des couronnements peuplés de grandes figures en ronde bosse?

Cependant, cet orgue de Rouen, par trop exceptionnel, risque de nous cacher par sa splendeur un style plus conventionnel, moins

Page de gauche, détail, et ci-dessus : HONDSCHOOTE (Nord), église. *Instrument du XVII*[e] *siècle dont on remarquera le travail d'ébénisterie particulièrement superbe : au sommet de la tourelle du Positif, une représentation d'orgue portatif. Six panneaux sculptés constituent la tribune : on reconnaîtra sainte Cécile jouant du Positif, le roi David et sa harpe, et divers symboles musicaux.*

décoratif, répandu dans bien des tribunes, dont le modèle serait Elbeuf ou Pont-de-l'Arche. Ici et là, les proportions du grand buffet paraissent d'autant plus importantes que, comme le Positif, il n'a que trois tourelles, dont la plus basse est disposée au centre. L'horizontalité des frises est très accentuée. La division des plates-faces ou l'ornementation sculptée des boiseries ne parviennent pas à distraire le regard.

Toute cette architecture de l'orgue préclassique est si bien adaptée à sa fonction qu'elle peut convenir à des instruments dont le mécanisme plus élaboré réclamera un meuble plus important. Ainsi, on peut en retrouver le schéma à Paris, dans le superbe ensemble de Saint-Étienne-du-Mont, de même qu'à la cathédrale de Meaux, à Mitry-Mory ou à Corbeil-Essonnes.

N'est-ce pas, en effet, avec une disposition semblable dans sa logique, mais en ordre inversé, la tourelle centrale étant la plus importante, que furent conçus les orgues de Reims, de Sézanne, de Nemours ou d'Aubervilliers, rappelant le schéma de l'orgue de l'église d'Écouen?

Plus on s'éloigne vers l'ouest et plus on découvre de fantaisie baroquisante dans la virtuosité de la sculpture et de l'architecture de l'instrument, visiblement inspirée par les grands chantiers des

---

A gauche : SAINT-MARTIN-DE-BOSCHERVILLE (Seine-Maritime), église Saint-Georges (ancienne abbatiale).
Sommet de la tourelle centrale de l'orgue, dont la partie instrumentale fut construite en 1627. Restauré en 1733, le relevage est attribué aux Lefèbvre de Rouen. Une seconde restauration intervint au tout début du XIXe siècle. Il est aujourd'hui injouable.

Page de droite : MOISSAC (Tarn-et-Garonne), église Saint-Pierre (ancienne abbatiale).
L'orgue de l'abbatiale de Moissac est suspendu sur un côté de la nef. Une légende plus qu'une certitude en ferait remonter l'origine à un don de Mazarin qui fut abbé commanditaire de l'abbaye, vers 1660. Haon, un facteur d'origine anglaise, édifia en 1675 à Montauban un orgue très semblable à celui de Moissac, où son passage est signalé à cette époque. Haon serait-il le créateur de cet orgue ou en aurait-il copié la silhouette à Montauban? L'architecture est très élégante, avec les trois tourelles arrondies, et les plates-faces rythmées à leur centre par une petite tourelle en tiers-point et divisées horizontalement par des lignes aux obliques très accentuées. Cette brisure linéaire était fréquente en Bretagne au XVIIe siècle dans des orgues d'origine anglaise, ainsi à Lanvellec, mais aussi dans le Sud-Ouest on la retrouve, à Saint-Jean-de-Luz dont l'orgue est à peu près contemporain de celui de Moissac. En 1710, le facteur François Dufoyet effectua divers travaux. Est-ce lui qui ajouta ce buffet de Positif, vide aujourd'hui, au décor très simple comparativement au grand buffet, et à la structure bien fruste avec les deux tourelles et la plate-face uniforme? Refait totalement par Cavaillé-Coll, il est demeuré intact depuis. Il possède vingt-quatre jeux sur deux claviers/pédalier.

Page de gauche : REIMS (Marne), cathédrale Notre-Dame.
Buffet du Grand Orgue en bois sculpté. Le gros de l'œuvre date du XVIIe. La partie instrumentale a été reprise par John Abbey au XIXe siècle, puis par Gonzalez en 1938.

Ci-dessus : PARIS, église Saint-Merry. Détails du buffet.
L'instrument fut construit entre 1647 et 1650 par Charles Pillet et revu par François Henri Clicquot en 1781. Restauré par Aristide Cavaillé-Coll entre 1855 et 1857, il fut complété par Gonzalez vers 1950.

châteaux Renaissance, voire par la construction navale. L'orgue de La Flèche, avec sa tourelle en proue de navire, évoque quelque trois-mâts échoué dans la nef, et le même esprit imprègne les tribunes de Saumur ou de Dol-de-Bretagne.

C'est encore la vivacité ornementale qui frappe à Rodez, à Oloron-Sainte-Marie, à Moissac ou à Saint-Jean-de-Luz dans le Pays basque notamment, et la sensibilité locale s'y est exprimée sous une forme toute méridionale, même si un examen plus attentif révèle que ces trois buffets conservent en fait une structure de facture normande.

Il faut atteindre le midi de la France et les zones où s'est fait plus particulièrement sentir l'influence italienne comme à Aix-en-Provence en l'église du Saint-Esprit, à l'Isle-sur-la-Sorgue, à Carpentras, ou à Cavaillon, pour retrouver la disposition plate des grands instruments de la péninsule, alors que dans les provinces de l'Est et du Nord, comme à Paris du reste, l'orgue à trois tourelles est le plus répandu, avec la tourelle la plus basse disposée au centre.

Malgré ces particularités régionales, et si l'on excepte la Provence, demeurée davantage dans la mouvance transalpine, l'orgue français s'inscrit déjà dans une logique architecturale propre qui, s'articulant autour des deux buffets, traduit le caractère dominant d'un discours musical qui oppose deux antagonistes. Au-delà des variétés de structures, le jeu des décors remplit la même fonction que la toile de fond du concert liturgique, projection rêvée d'un univers qui peut être aussi bien celui de la tragédie que de la comédie ou même, plus tard, celui de l'opéra.

Page de gauche : LANVELLEC (Côtes-du-Nord), église.
Élément du buffet d'orgue (XVIIe siècle). Le saint Eflam situé au sommet est remarquable par sa facture. La partie instrumentale est attribuée à Robert Dallam.

Ci-dessous : DREUX (Eure-et-Loir), église Saint-Pierre. Détail.
Buffet en bois sculpté par Toussaint Fortier au XVIIe siècle. La partie instrumentale a été reprise par Aristide Cavaillé-Coll au XIXe siècle.

Ci-contre : BRIE-COMTE-ROBERT (Seine-et-Marne), église. Détail.
Motif décoratif ornant le sommet de la tourelle centrale du Positif (XVIIe siècle).
Ci-dessous : SAINT-JEAN-DE-LUZ (Pyrénées-Atlantiques), église Saint-Jean.
Une fois de plus, on retrouve ici le schéma des orgues de l'Ouest et du Sud-Ouest du milieu du XVIIe siècle, avec la triple disposition des tourelles et le profil des plates-faces. L'orgue fut construit en 1659 par Gérard Brumel, mais de nombreux facteurs après lui, dont certains illustres, y effectuèrent des travaux : ainsi, Adrien L'Épine en 1724, oncle de Jean-François, puis Nicolas Collard en 1730 et, en 1732, Bassard qui augmenta l'instrument. Au milieu du XVIIIe siècle, on note la présence de Micot, l'un des plus grands facteurs du Sud-Ouest.
Après la Révolution, le vieil orgue va de mal en pis, jusqu'à la reconstruction de 1875 opérée par le facteur Wenner dont les grandes qualités sont connues.
Comme dans bien d'autres églises de cette région, Puget y travailla à son tour en 1929 et, en 1958, l'ensemble fut enfin restauré complètement par Victor Gonzalez.

PARIS, église Saint-Gervais.
On connaît l'existence d'un orgue du XVIe siècle, remplacé vers 1600 par un instrument de Mathias Langhedul, facteur d'origine flamande. Lors de la construction de la façade de l'église, l'instrument fut déplacé et reconstruit, en 1623, par Pierre Le Pescheur, facteur de l'orgue de Saint-Étienne-du-Mont à Paris. Des transformations furent apportées vingt ans plus tard par Pierre Thierry, puis, au XVIIIe, par François Henri Clicquot qui transformera les buffets. A peu près bien conservé, il a été restauré en 1973 par Gonzalez dans son état du XVIIIe siècle. Il comprend quarante-deux jeux sur cinq claviers/pédalier.
Cet instrument est remarquable en tous points, et surtout parce qu'il fut l'un des temples de la musique d'orgue française. Du milieu du XVIIe siècle au début du XIXe se sont succédé à ses claviers les Couperin dont le premier, Louis, fut, avec son neveu François, parmi les plus grands musiciens français des XVIIe et XVIIIe siècles.
François Couperin était trop jeune pour recevoir la charge d'organiste; à la mort de son père, ce fut Michel Richard Delalande qui assura l'intérim jusqu'à sa majorité.

L'ÉCOLE D'ORGUE FRANÇAISE

Deux influences essentielles s'exercent sur la musique d'orgue au XVIIe siècle, dont la synthèse permettra la naissance de l'art baroque. Au septentrion, de part et d'autre de la mer du Nord, les musiciens issus de la Renaissance anglaise achèvent de codifier les bases de la technique du clavier. Au midi, l'Italie, en pleine effervescence, atteint un des sommets de son histoire musicale avec la naissance de l'opéra de Monteverdi — qui, sans abandonner l'art polyphonique, développe le style concertant —, et grâce au rayonnement de deux génies exceptionnels : à Venise, Giovanni Gabrielli dont l'apport est considérable et, à Rome, Girolamo Frescobaldi qui fait résonner Saint-Jean-de-Latran et Saint-Pierre de ses ricercari et de ses toccatas, nouveautés expressives représentatives d'une technique mise au service du développement d'un thème traité en une succession de fragments superbement articulés.

Les organistes français, moins nombreux que les Italiens ou les Allemands durant la première moitié du siècle, comptent néanmoins de grands maîtres. Certains transcrivent des chansons, beaucoup s'inspirent de travaux étrangers, tant est forte l'interpénétration entre les cercles musicaux européens. Ainsi, Charles Raquet, organiste de Notre-Dame de Paris sous le règne de Louis XIII, sait, autant que ses confrères d'autres pays, tisser de vastes architectures, comme en atteste sa *Fantaisie*.

Mais la personnalité qui s'impose à cette époque est sans conteste celle de Jehan Titelouze, le véritable fondateur de l'école française d'orgue qui se caractérise par la recherche des timbres et la finesse de la registration. La publication complète de son œuvre chez Ballard, à Paris, en 1623 est d'autant plus significative qu'elle intervient onze ans avant celle des *Fiori musicali,* grand recueil d'œuvres de Frescobaldi. Titelouze est d'origine anglaise. Sa famille a émigré et s'est installée à Saint-Omer, où le jeune Jehan va évoluer dans un milieu musical qui, pour être influencé par les maîtres nordiques, n'en est pas moins très informé des grandes publications italiennes. Entré dans les ordres, et malgré sa mauvaise santé, Titelouze devient chanoine et organiste de la cathédrale de Rouen. Son apport est déterminant : ses œuvres confèrent à la musique française une base aussi solide que celle qui asseoit ses

Sur les deux pages : PARIS, église Saint-Gervais (suite).
Détails du buffet du XVIIIe siècle.
Des restaurations importantes ont été réalisées en 1714 et le grand buffet remanié en 1758-1759. Un projectile de la « Grosse Bertha » atteignit Saint-Gervais. Heureusement, l'ensemble de l'orgue n'a pas été endommagé.

rivales étrangères, et la rigueur scientifique qu'il introduit dans la composition, sous l'influence du théoricien Mersenne avec lequel il entretient des contacts suivis, déterminera l'esthétique de l'instrument-orgue jusqu'au XIXe siècle.

Il convient, à ce stade, de rappeler qu'à cette époque les factures se sont différenciées en Europe et qu'il n'existe pas un orgue, mais des orgues, lié chacun à une culture, à une langue, à une tradition. L'orgue de petite taille qu'apprécient tant les Italiens, la mécanique complexe et colorée chère aux Espagnols, l'instrument allemand qui juxtapose des plans sonores très variés sont fort éloignés de la puissante machine des facteurs français. Il serait donc vain de chercher un lien entre l'évolution de l'instrument après Titelouze et celle qui modèlera l'art d'un Buxtehude à Elseneur, puis d'un Jean-Sébastien Bach en Allemagne : autant la musique de ces derniers serait injouable sur un orgue français de cette époque, autant les pages de Titelouze seraient inadaptées au clavier d'un instrument nordique. Jehan Titelouze, expert, chercheur, compositeur, assure la transition entre le XVIe siècle et le Grand Goût Louis XIV. Ses versets et ses rythmes dialoguent de manière dépouillée avec le chœur et l'ensemble des fidèles. Sur un thème d'origine grégorienne adapté au style rythmique français et aux premières recherches de tonalité, il bâtit une série de grandes pièces contrapuntiques très élaborées qui mettent en valeur l'art de la variation et le jeu d'une polyphonie majestueuse. Il a en outre le sens aigu du contraste baroque entre les plans sonores, le goût de la couleur et, comme les Italiens, une attirance pour les dissonances. Son esprit profondément religieux oriente sa démarche musicale vers une très grande spiritualité, ce qui, au-delà des différences de style et d'époque, le rapproche d'un autre grand maître de l'instrument : Jean-Sébastien Bach.

Avènement et apothéose du siècle de Louis XIV

Décor, architecture, univers sonore, génie des compositeurs, tout concourt à l'apogée de l'orgue classique pour satisfaire au Grand Goût. La réussite est à la mesure de l'attente inquiète de ceux qui ont voulu, dans les églises, ces fantastiques machines « à la plus grande gloire de Dieu ». Si la perfection est telle, si le ressentiment et le plaisir sont si vifs, peut-on leur reprocher que pareille apothéose détourne l'instrument de sa destination première? D'intercesseur auprès du monde divin, l'orgue va devenir, de plus en plus, le reflet des préoccupations profanes sinon mondaines.

L'ORGUE FRANÇAIS CLASSIQUE

Autour de l'année 1685, l'orgue français dit « classique » semble avoir atteint son point d'équilibre. Deux générations d'organistes-compositeurs parachèvent le grand style de la musique d'orgue française. Cette période correspond exactement à celle de l'installation définitive de la Cour à Versailles, installation qui suscita autant de convoitises et d'ambition qu'elle fit naître de fastes et éclore de talents. Pour mémoire, c'est au mois de mars de cette même année que très loin au-delà du Rhin, dans la petite ville d'Eisenach, naît Jean-Sébastien Bach, qui découvrira avec passion au cours de sa période d'apprentissage la musique italienne et les grandes pages de nos meilleurs compositeurs.

Page d'ouverture : PARIS, église Saint-Louis des Invalides.
La facture d'orgue classique atteint ici un équilibre parfait. Tout fut réuni pour doter cette église royale d'un instrument digne d'elle. C'est sans doute Jules Hardouin-Mansart, architecte du dôme des Invalides, qui a dessiné le vaste buffet blanc et or. Par souci d'unité, le Positif a été enserré dans le massif au-dessus de la fenêtre de la console.
L'orgue comportait quatre claviers/pédalier et trente-sept jeux. L'ensemble fut achevé en 1686 et auditionné immédiatement par le roi, qui écouta jouer Lebègue et Thomelin, deux de ses organistes, et Gabriel Garnier, premier titulaire. Tous les grands facteurs furent appelés ensuite à l'entretenir : Tribuot, Louis-Alexandre puis François Henri Cliquot. Fort abîmé par la Révolution, il fut réparé par Somer en 1806. Vers 1850, on envisagea une restauration. Un orgue neuf fut réalisé et expertisé par Auber et Lefébure-Wély. Cet ensemble fut reconstruit dans les années soixante par Beuchet-Debierre, sur trois claviers/pédalier et une cinquantaine de jeux.

Page de gauche : WARHEM (Nord), église de l'Assomption. Détail.
Sculpture du massif, du XVIIe siècle.

Sur les deux pages :
SAINT-QUENTIN (Aisne), ancienne collégiale.
On trouve ici sans doute l'un des plus beaux buffets de France. Construit par Robert Clicquot entre 1699 et 1703, l'orgue est enserré dans un étonnant buffet dessiné par Jean Bérain et exécuté par Pierre Vaideau. L'ensemble du Grand Orgue est une sorte d'immense dôme soutenu et rythmé par les tourelles formant colonnes. La coupole centrale supportait à l'origine une couronne fleurdelisée qui fut abattue et remplacée par un lanternon et une croix pendant la Révolution. L'instrument comprenait cinquante jeux sur quatre claviers/pédalier.
Restauré au XVIIIe siècle, entre autres par François Thierry en 1737, il fut reconstruit par Antoine Sauvage, élève de Cavaillé-Coll, vers 1850. Pendant la guerre de 14, Saint-Quentin subit des bombardements répétés dont souffrit la collégiale; l'orgue fut alors ruiné, sauf la boiserie. La restauration de l'église fut achevée seulement après la dernière guerre, et, en 1967 enfin, un orgue neuf d'Haerpfer-Ermann était replacé dans l'admirable buffet. Cet orgue comprend aujourd'hui quatre claviers/pédalier et soixante-quinze jeux.

Deux tendances se font jour dans le domaine musical français durant ce dernier quart du XVIIe siècle. L'une, issue des recherches de grands maîtres du clavecin comme Louis Couperin, trouve ses meilleurs représentants en Nivers, organiste à Saint-Sulpice, et en Lebègue, un des compositeurs les plus féconds de son temps. Les livres d'orgue qu'ils composent répondent aux ordonnances du Cérémonial de Paris édité en 1662. Aux termes de ce protocole, l'orgue prend sa place officielle dans le culte au rituel duquel il participe. Il est intéressant de signaler que, après les longues polémiques et les interdictions qui frappèrent d'ostracisme les instruments de musique dans les lieux de culte, l'orgue est le seul depuis la fin du premier millénaire à être admis puis reconnu par le clergé. Selon la belle expression de Félix Raugel, le langage de l'instrument est alors généralement considéré comme une sorte de « sermon idéal ». Le terme est essentiel qui situe notre instrument, arrivé à son apogée classique, dans l'univers baroque du « dit », de la rhétorique. Ces compositeurs, passionnés par les recherches que rendent possibles les nouveaux effets de coloration musicale proposés par les facteurs, puisent tout autant leur inspiration dans la musique spirituelle et religieuse que dans celle, profane, du clavecin ou de l'air de Cour.

En 1669, Louis XIV institue l'Académie royale de musique, qui regroupe les artistes et musiciens du théâtre lyrique, et dont le roi confiera rapidement la direction à son musicien favori, Jean-Baptiste Lully. Ce florentin génial excelle dans l'opéra. Son talent s'exprime avec grandeur dans les magnifiques récitatifs déclamés, réponses vocales au grand style plastique et architectural du milieu du règne. Le rayonnement de cet art séduisant dépasse très vite la scène lyrique pour influencer tous les domaines de la musique instrumentale. La musique d'église, qui offre à Dieu une liturgie dont la forme est assez proche de la mise en scène théâtrale que Lully propose au « Grand Roi » dans ses spectacles, va tout naturellement assimiler les apports de cette somptueuse déclamation. Elle le fera tout d'abord à Versailles ou dans les plus vastes nefs du royaume avec les grands motets de Lully, de Delalande ou de Charpentier, puis encore avec bonheur lorsque l'orgue devra, du haut de sa tribune, donner la réplique aux grands ensembles vocaux et orchestraux. Il est alors naturel que la génération de la fin du XVIIe siècle réponde à ces exigences, tout en faisant la synthèse des acquis des musiciens qui l'ont précédée et qui, pour la plupart, sont encore en activité à la Cour ou dans les différents postes de musique. C'est ainsi que culminent, en un égal génie, trois musiciens qui donneront à l'orgue français, avec ses plus grandes pages, le schéma qui sous-tendra toute la musique du XVIIIe siècle. François Couperin, organiste de l'église Saint-Gervais, Nicolas de Grigny, organiste

Sur les deux pages : WARHEM (Nord), église de l'Assomption. *Ensemble et détails du buffet et de la tribune du Grand Orgue, en bois sculpté et doré pour partie (XVIIe-XVIIIe siècle). On remarquera le contraste de factures entre les deux détails présentés ici, ce qui laisse supposer l'intervention de deux huchiers.*

Ci-dessus : LAON (Aisne), église Notre-Dame (ancienne cathédrale).
Malgré l'austérité de ses lignes, accentuée par le brun uniforme qui le recouvre aujourd'hui, l'orgue de la cathédrale de Laon date de la fin du XVIIe siècle.
Il fut construit entre 1696 et 1700 par le facteur Ricard, un religieux de l'ordre des Prémontrés, sur des plans et une organisation dus au compositeur Nicolas Lebègue qui en effectua l'expertise et en accusa la réception le 3 septembre 1700.
On sait que cet orgue a coûté dix mille livres.
La rigueur de son architecture fut compensée par le rajout de nombreux ornements (dont deux atlantes encadrant le massif), l'animation des cinq tourelles, ainsi que la gaieté de la polychromie disparue aujourd'hui; le tout constituait un ensemble qui s'harmonisait habilement avec la grande rose qui domine le buffet principal. L'instrument possédait une quarantaine de jeux et quatre claviers/pédalier.
En 1710, l'organiste en était Pierre du Mage, compositeur d'un Livre d'orgue *et ancien organiste de Saint-Quentin. En 1716, du Mage obtint un relevage de l'orgue, qui fut effectué par Robert et Louis-Alexandre Clicquot, alors parmi les plus grands facteurs du royaume. L'organiste, qui mourut en 1751 à Laon, avait préféré démissionner de son poste dès 1719, à la suite de désaccords avec le chapitre.*
On sait peu de chose sur l'histoire de cet orgue au XVIIIe siècle. Il avait dû survivre tant bien que mal à la Révolution, puis s'altérer peu à peu.
En 1843, l'abbé Larroque proposa un relevage qui ne fut réalisé qu'en 1853 par Sébastien Zeiger.
En 1882, Charles Reinburg proposait

une reconstruction totale et l'envoi de tout le matériel sonore à la chaudière. C'est finalement en 1896 que le facteur Didier, originaire de Nancy, entreprit une entière réfection de l'instrument.
Dans le vieux buffet, il devait édifier un orgue nouveau en utilisant une partie de l'ancienne tuyauterie. Il en résulte un instrument dont la sonorité encore aujourd'hui relève de l'esthétique symphonique, mais dont la clarté est tout à fait remarquable.

Ci-dessus et ci-contre : LES ANDELYS (Eure), église Saint-Sauveur du Petit-Andely.
Cet orgue fut construit en 1674 pour l'abbaye du Trésor, communauté cistercienne établie à une faible distance des Andelys. Le facteur était Robert Ingoult, de Cherbourg, les buffets réalisés par Philippe Quesnel. Une fois encore, nous retrouvons une structure propre au style Louis XIV, avec l'équilibre ternaire et le jeu très élégant entre l'architecture et le décor; on notera les lignes obliques des claires-voies des plates-faces.
En 1793, la municipalité des Andelys acheta l'instrument quand l'abbaye fut mise en vente. Transporté par Huet de Rouen, il fut conservé intact jusqu'en 1926, où il fut très scrupuleusement restauré par Rochesson et Charles Reinburg avant d'être inauguré par Widor. Seuls quelques jeux furent ajoutés et l'on refit la montre. Les qualités de ses sonorités étaient telles qu'elles attirèrent particulièrement Jehan Alain et l'influencèrent pour certaines de ses œuvres. En 1965, la mécanique et le pédalier furent refaits par les Établissements Gonzalez. Cet ensemble possède trois claviers/pédalier et trente-trois jeux.

de l'abbaye de Saint-Denis puis de la cathédrale de Reims, Louis Marchand, enfin, le plus célèbre instrumentiste de son temps, forment cette trinité dont l'essentiel de la production, sauf en ce qui concerne le dernier, s'inscrira dans les limites de cette fin de siècle, avant le tournant essentiel de 1700.

Pour traduire leurs grands jeux, leurs récits, leurs dialogues, les organistes ont besoin d'un instrument dont les possibilités et les qualités soient dans une large mesure équivalentes à ce que proposent Jean-Baptiste Lully ou Michel-Richard Delalande avec les orchestres de leurs « sinfonies ».

Sur les deux pages :
NIELLES-LÈS-ARDRES
(Pas-de-Calais), église.
Antérieurement à la période révolutionnaire, l'église de Nielles-lès-Ardres possédait un orgue construit au XVIIe siècle, mais l'orgue que l'on y voit aujourd'hui avait été conçu pour un autre lieu par Claude Ducastel. En 1685, le facteur Guillaume Van Belle édifiait à Sainte-Aldegonde de Saint-Omer un bel instrument du style flamand. Le baroque y est encore épanoui avec l'alternance du plan des tourelles, la superposition des plates-faces, la petite tourelle supérieure et l'exubérance du décor sculpté. En 1792, on décida la suppression du mobilier de l'église Sainte-Aldegonde ; la municipalité de Nielles acheta alors l'orgue par l'intermédiaire du facteur Jean-François II Guilmant. Celui-ci transféra l'instrument à Nielles où il le remonta, en supprimant la tuyauterie du Positif qui fut aveuglé avec des panneaux. On peut espérer qu'une restauration bien menée saura rendre à cet ensemble toute sa beauté d'origine.

ORLÉANS (Loiret), cathédrale Sainte-Croix.
Comme c'est souvent le cas, l'orgue n'a pas été édifié à l'origine pour l'église où il se trouve aujourd'hui. Il fut construit en 1657 par Noël Grantin pour orner la vaste nef romane de l'abbatiale de Saint-Benoit-sur-Loire. En 1705, Jean Brocard lui apporta diverses retouches.
Vendu et démonté, l'instrument fut enfin transféré par Louis Callinet en 1821 pour être monté au fond de la nef de la cathédrale d'Orléans. Cet édifice, construit en style gothique fut achevé en grande partie à l'époque classique.
Les dimensions très vastes de la cathédrale et le goût des musiciens romantiques exigeaient une métamorphose du vieil orgue de Saint-Benoit. Ce travail important fut confié à Cavaillé-Coll qui le réalisa en 1878. L'orgue fut inauguré deux ans plus tard par Alexandre Guilmant.
Il comprenait soixante et un jeux, quatre claviers/pédalier et notamment deux jeux de trente-deux pieds (fond et anche) à la Pédale.
Ébranlé par les bombardements qui se succédèrent pendant toute la Seconde Guerre mondiale, l'instrument fut relevé par Robert Boisseau en 1949.
Finalement, à la veille des années quatre-vingt, Haerpfer-Erman effectuait une restauration complète et fidèle qui, à un jeu près (tierce du Positif), nous restitue parfaitement le magnifique instrument de Cavaillé-Coll dont il est l'une des plus belles œuvres.

AUCH (Gers), cathédrale Sainte-Marie.

C'est en 1693 que fut achevé le Grand Orgue, construit par le facteur Jean de Joyeuse. L'admirable ensemble de la boiserie est typique du Grand Goût Louis XIV, même si une très grande richesse décorative n'est pas sans rappeler certains orgues du milieu du XVIIe siècle.

L'ébénisterie est du menuisier Payerle. L'instrument comportait quatre claviers/pédalier avec quarante et un jeux; il correspondait à merveille au style musical qu'allaient bientôt illustrer François Couperin, Nicolas de Grigny et Louis Marchand.

Excepté les quelques réparations faites aux XVIIIe et XIXe siècles, l'ensemble de l'orgue de la cathédrale Sainte-Marie subsistait quasi intact lorsqu'il fut classé monument historique en 1934. On envisagea alors une restauration, mais les choses traînèrent en longueur et la guerre survint alors que rien n'était fait. Finalement entreprise en 1953 avec Gonzalez comme maître d'œuvre, elle s'acheva en 1958. Peu de restaurations ont suscité autant de polémiques, et l'orgue d'Auch est aujourd'hui considéré comme une piètre réussite des interventions officielles. Le second effet de cette restauration fut, en tout cas, de rendre plus vigilants experts et facteurs face aux instruments anciens. L'orgue comprend aujourd'hui quatre claviers/pédalier et quarante-trois jeux. On peut souhaiter, compte tenu de la qualité du matériel conservé, une nouvelle et meilleure reprise de l'ensemble.

Si l'orgue Louis XIV est avant tout parisien dans sa forme, sa structure et son décor, bien qu'il conserve l'empreinte de son origine normande, il acquiert sa véritable spécificité lors de son extraordinaire expansion provinciale. On peut à présent le définir comme étant l'archétype de l'orgue français. L'articulation sonore est définitivement au point, avec le plénum de plus en plus développé dans le grave, l'appui sur des montres de 16 pieds, le

Page de gauche : CARCASSONNE (Aude), basilique Saint-Nazaire.
La basilique Saint-Nazaire de Carcassonne abrite un orgue dont l'évolution, tant architecturale que sonore, est une véritable synthèse historique de la facture méridionale. L'instrument remonte à 1522, mais l'apport du XVIIe siècle est considérable.
La partie centrale du buffet avec la tourelle en tiers-point et les deux plates-faces latérales aux claires-voies obliques sont visiblement marquées par le style Louis XIII.
En 1682, un important travail est accompli par le facteur Jean de Joyeuse. Il ajoute le Positif et agrandit l'orgue de façon à lui donner une structure « classique française ». A partir de 1773, Jean-Pierre Cavaillé, ancêtre du facteur romantique, agrandit l'instrument en ajoutant de part et d'autre du grand buffet les éléments latéraux contenant des jeux nouveaux. En 1896 et 1904, Michel Roger restaure le tout en préservant l'essentiel de l'œuvre de ses prédécesseurs.
L'orgue comprend aujourd'hui trois claviers/pédalier et trente-six jeux. Il est actuellement en cours de restauration.

En haut : GUIMILIAU (Finistère), église Saint-Miliau.
Détail de la tribune représentant le triomphe d'Alexandre (1677). La partie instrumentale de l'orgue fut construite par Thomas Dallam entre 1673 et 1677.

SAINT-POL-DE-LÉON (Finistère), église Saint-Paul-Aurélien, ancienne cathédrale.
Cet orgue, d'origine anglaise, fut construit, comme celui de Quimper, vers 1680, alors que le facteur Robert Dallam fuyait sa patrie et le régime de Cromwell. Il avait construit de nombreux instruments en Grande-Bretagne, entre autres celui d'Oxford dont la silhouette est proche de celle de l'orgue de Saint-Pol-de-Léon. L'intérêt de ce buffet, outre son damier, ses sept plates-faces et ses tourelles latérales, réside dans le fait qu'il présente une symbolique maçonnique ou de compagnonnage. La partie sonore de l'instrument fut modifiée au XIXe siècle, en 1846, par Daublaine et Callinet, en 1858, par Heyer et, en 1887, par les frères Stoltz. C'est un ensemble qui demeure aujourd'hui particulièrement clair et de sonorité très éclatante. L'orgue possède trois claviers/pédalier et trente-quatre jeux.

grand cornet et les jeux de mutations, nasard, tierce, qui s'ajouteront à une formidable batterie d'anches dans le Grand Jeu. On apprécie particulièrement le moelleux du fond d'orgue, les pittoresques dialogues ou récits sur des jeux de détails imitant les sonorités d'instruments d'orchestre, hautbois, cromorne, ou le chevrotement de la voix humaine.

Pour répondre à la notion baroque de dialogue, de contraste dans le discours, on fixe définitivement la composition générale des claviers et l'on joue sur la complémentarité du Grand Orgue et du Positif, placé dans un petit buffet surplombant le balcon de la tribune.

Mais les possibilités multiples de l'instrument déjà riche d'une coloration orchestrale dans la diversité de ses registrations, sinon dans ses capacités à imiter les autres instruments, vont pousser les facteurs à augmenter encore le nombre des plans sonores.

Ainsi, aux deux principaux claviers manuels vient désormais s'ajouter la puissance sonore de la bombarde, qui dédouble le Grand Orgue. Pour mieux faire ressortir la délicatesse d'un jeu soliste, on établit un récit. On adjoint également un pittoresque clavier d'écho qui rappelle les effets d'éloignement obtenus lors des interprétations de plein air à Versailles, sur le grand canal ou dans les bosquets; placés au fond du soubassement du grand buffet, ces quelques jeux accentueront encore l'effet de lointain. Pour dialoguer, soutenir, voire rééquilibrer les masses sonores, la Pédale, au clavier toujours aussi malaisé à toucher en comparaison de celui des orgues allemands, s'enrichit également.

De même qu'à Versailles Louis XIV agrandit peu à peu le rendez-vous de chasse érigé par son prédécesseur pour en faire un véritable palais, de même le buffet d'orgue se développe et s'étoffe afin d'intégrer cet univers acoustique de plus en plus étendu.

Si, pour les orgues de taille moyenne, on semble toujours favorable à une structure architecturale en trois tourelles rythmant le grand buffet — comme à Pont-de-l'Arche, à Bolbec, à l'ancienne église Saint-Herbland de Rouen, à Saint-Sauveur de Rennes, à Morlaix, à la Chaise-Dieu, à Nemours, à Sarre-Union, à Marmoutier —, des Grandes Orgues à cinq tourelles auxquelles répondent les trois petites tourelles du Positif apparaissent de plus en plus souvent. Pour concevoir ces réalisations, il suffit aux organiers de se fonder sur le schéma de l'orgue de Saint-Ouen de Rouen, gigan-

PITGAM (Nord), église Saint-Folquin. Détail.
Cet instrument est typique du nord de la France par sa silhouette et sa décoration, et fut construit pendant la première moitié du XVIIIe siècle pour l'église des Récollets à Dunkerque. C'est seulement en 1813 qu'il fut agrandi et transféré à Pitgam par Jean-Baptiste Guilmant.

Sur les deux pages : BORDEAUX (Gironde), cathédrale Saint-André, églises Sainte-Croix et Saint-Michel.
L'histoire des orgues de Bordeaux est mouvementée, d'autant que, à la suite des bouleversements politiques, les restaurations successives des instruments eux-mêmes s'avèrent difficiles à distinguer les unes des autres.
En 1427, pour la première fois, un orgue est construit dans la cathédrale Saint-André. L'archevêque Charles de Gramont le fait restaurer, agrandir et placer sur une tribune, au début du XVIe siècle.
Cet instrument possédait en outre des mécanismes qui, à la joie des fidèles, animaient des étoiles et des poupées articulées, sorte de jaquemarts qui roulaient des yeux et des mâchoires en même temps que l'on jouait.
L'ensemble fut à nouveau restauré, agrandi, et mis au goût du jour au cours d'une longue restauration qui dura de 1619 à 1637 et qui fut, devant le piteux résultat, prolongée de sept années. La Révolution acheva la carrière de ce vieil instrument qui fut démoli et vendu le 25 primaire an III ;

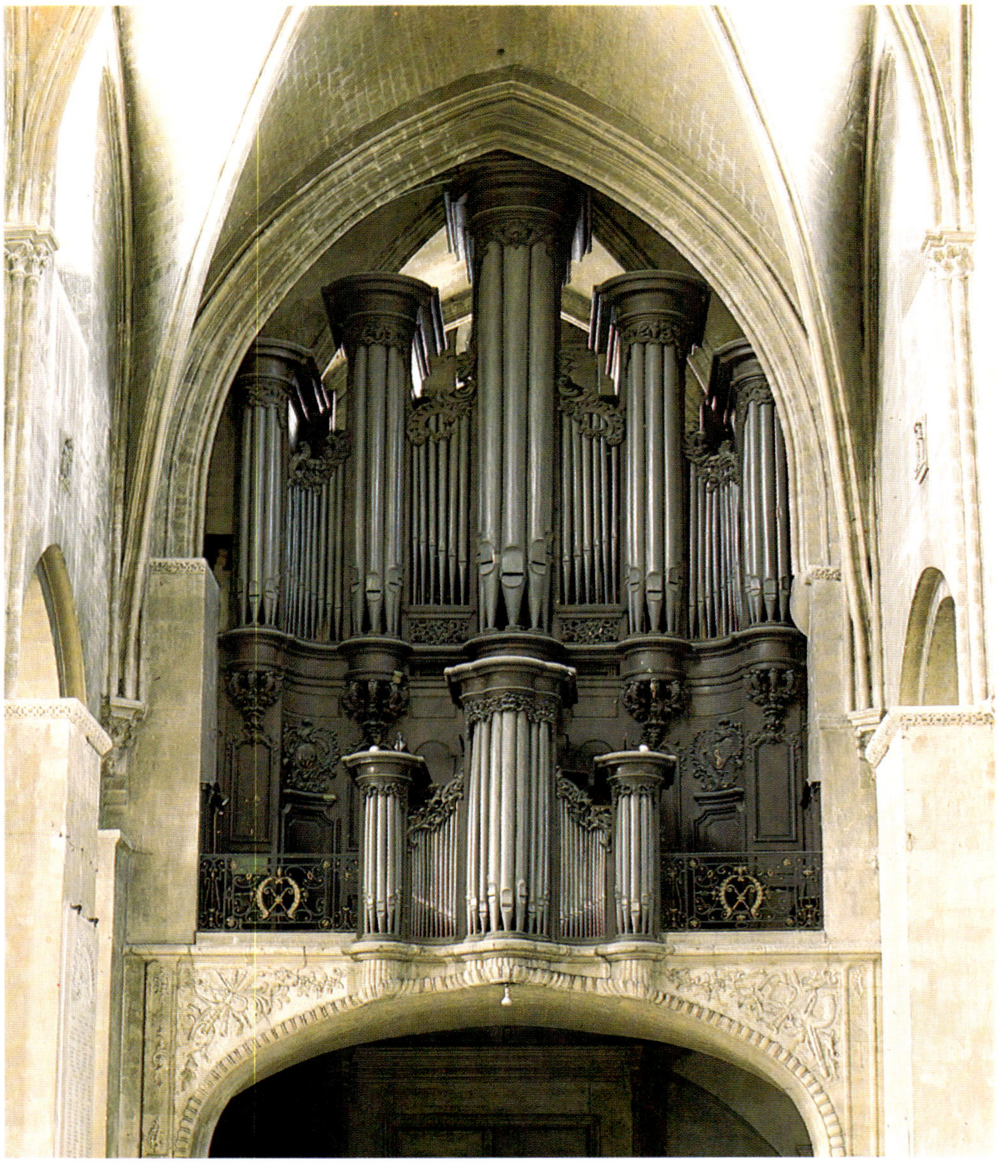

on fondit la tuyauterie pour confectionner des boutons d'habit d'uniforme; seule subsista la tribune Renaissance.
Le Concordat autorisant à nouveau le culte, on installa en 1804 à Saint-André l'orgue construit par Micot au XVIIIe siècle pour l'église de la Réole.
Peu après, en 1810, nouveau démontage pour restaurer la tribune (détail de gauche p. 88) et, une année plus tard, on décida d'échanger l'orgue de la cathédrale Saint-André avec l'instrument construit à Sainte-Croix par dom Bédos en 1748. On procéda au transfert des mécaniques et tuyauteries tout en maintenant les boiseries en place. L'orgue de dom Bédos, plus vaste que le précédent, comprenait à l'origine quatre claviers/pédalier et quarante-quatre jeux. On dut, pour le placer à la cathédrale, agrandir le buffet, mais on avait conservé à leur place primitive les façades de Sainte-Croix (ci-contre, page de gauche).
Joseph Isnard et Simon Bayssac Labruyère ajoutèrent des tuyaux récupérés et une façade neuve au nouvel orgue de la cathédrale Saint-André.
Déçus par celui-ci, les chanoines de la cathédrale le firent restaurer par Henry en 1841 et en 1877 par Wenner, qui ajouta un grand récit-expressif. Divers travaux furent effectués au XXe siècle dont, en 1954, une électrification.
En 1964, à la cathédrale, l'orgue était pratiquement hors d'usage, un certain nombre de tuyaux s'étant même effondrés.
Démonté en 1973, il fut presque totalement reconstruit en 1983 par les Établissements Danion-Gonzalez, avec quatre claviers/pédalier et soixante-seize jeux. Quant à l'église Sainte-Croix, elle possède toujours l'orgue de Micot et de dom Bédos, malheureusement actuellement en fort mauvais état malgré la beauté de ses jeux.
On confia à Micot, en 1760, la construction de l'orgue de Saint-Michel (ci-dessus). En 1763, le charpentier Pechagut refit le plancher de la tribune et Martin, le tambour de l'orgue.
La même année, Armand toucha six cent trente-neuf livres pour dorer et peindre le buffet de l'orgue.
Le 7 avril 1765, Micot avait achevé son orgue, mais sans rencontrer l'approbation générale. Après de nombreuses difficultés, l'orgue est enfin accepté en juillet 1765.
En 1774, on demanda à Micot de faire des réparations importantes pour lui donner plus d'harmonie. Tel quel, enfin achevé, ce magnifique instrument comprend quatre claviers/pédalier et trente-cinq jeux. Il a été restauré en 1955 par Debierre et en 1961 par Schwenkedel.

tesque préfiguration antérieure à 1650 de l'instrument du Grand Siècle.

Si le massif, d'où surgissent avec une étonnante vigueur les grandes tourelles latérales, présente encore un certain rétrécissement, ainsi qu'on peut le voir à Auch ou à Saint-Pierre de Toulouse, l'aspect général du buffet s'est épaissi en raison d'un alignement plus fréquent des tuyaux sur leur base, comme c'est le cas à Uzès et à la Chaise-Dieu.

Mais c'est dans les grandes lignes architecturales que la boiserie semble surtout s'alourdir. On multiplie les horizontales au-dessous et au-dessus des plates-formes afin de donner plus de force aux corniches. Et de nombreux éléments décoratifs ajoutent à l'extraordinaire impression d'écrasement que donnent désormais ces instruments immenses : polychromie en faux marbre à Saint-Sauveur de Rennes, repeints blancs et or à Uzès, magnifiques et puissants atlantes supportant les parties latérales du buffet à l'église des Invalides.

A cette période où Versailles donne le ton, où l'art de cour et le Grand Goût rayonnent sur le royaume tout entier, on fait volontiers appel aux décorateurs des arsenaux, comme l'atteste l'écono-

Page de gauche : MARMOUTIER (Bas-Rhin), ancienne abbatiale.
La vieille abbatiale de Marmoutier, devenue paroisse sous le Directoire, possédait antérieurement un orgue construit en 1669 par Christophe Aebi. En 1709, André Silbermann, pour la première fois sans la collaboration de son frère Gottfried, construisit ici un nouvel orgue. Il faillit y laisser sa vie : à la suite d'une observation à l'un de ses ouvriers en état d'ivresse, celui-ci le blessa grièvement à coup d'herminette. L'orgue fut achevé en 1710 tel qu'il nous est parvenu, de style très français malgré une flûte de seize pieds à la Pédale, ce qui est inhabituel en France. On peut alors s'interroger sur le jeu ou plutôt sur les œuvres jouées à l'origine de la construction de l'orgue à Marmoutier. Sans doute aussi André Silbermann rêvait-il pour son orgue d'une musique dans le style de celle de Marchand qu'il connaissait et pour lequel il avait une grande admiration. En 1755, Jean-André Silbermann, fils d'André, fit quelques retouches à la soufflerie et, en 1765, il opéra un relevage. En 1772, la soufflerie dut à nouveau être réparée par Sauer, ouvrier chez Silbermann.
Pendant le XIXe siècle, l'instrument ne subit que des travaux d'entretien, sauf en ce qui concerne la transformation de deux jeux au Positif. Enfin, en 1955, Mülheisen et Kern restauraient l'ensemble, ressuscitant le vieil orgue d'André Silbermann. Celui-ci comprend vingt-huit jeux et trois claviers/pédalier.

En haut : RIBEAUVILLÉ (Haut-Rhin), temple Sainte-Marguerite.
Le bel orgue de Sainte-Marguerite (en mauvais état) fut construit pour un autre édifice. En 1784, une année après la construction du temple, on décida de doter celui-ci d'un orgue; après avoir refusé le projet d'un instrument neuf proposé par Bergantzel, on résolut d'acheter un instrument construit par Joseph Waltrin en 1717 et placé à Saverne. Il comptait à l'origine dix-huit jeux et deux claviers/pédalier et, dès 1723, Waltrin avait ajouté un Positif de dos riche de neuf jeux. C'est le facteur Sébastien Kraemer qui se chargea du transfert de l'orgue de Saverne à Ribeauvillé.
Dès 1808, Rabiny et Joseph Callinet reconstruisent entièrement l'ensemble en conservant le buffet que Kraemer avait décoré pour Ribeauvillé. En 1925, Frédéric Haerpfer refit le tout, vida le Positif de dos et remplaça la mécanique par un système pneumatique. Quant à la montre, elle possède des tuyaux de zinc! L'orgue comprend quinze jeux sur deux claviers/pédalier.

Ci-contre et détail page de droite : RIBEAUVILLÉ (Haut-Rhin), église catholique Saint-Grégoire.
L'église Saint-Grégoire possédait déjà un orgue vers 1500, soit peu de temps après sa consécration en 1473. Cet orgue avait été réparé une première fois en 1619, puis en 1657 par Johann Geussler, un facteur venu de Lucerne, en Suisse. En 1739, Silbermann décrit l'orgue dans un rapport.
L'état devait être critique puisqu'en 1742, le facteur Cräner fait deux propositions : l'une, de réparer, la seconde, de refaire un instrument neuf. En 1749, une solution est trouvée : Rohrer transfère à Saint-Grégoire l'orgue construit en 1702 à Strasbourg pour le Temple-Neuf. Commencé par le facteur Friedrich Ring qui mourut au cours des travaux, le travail avait été achevé par Claude Legros de Metz.
Cet instrument était de type français, mais le plan sonore de la Pédale semblait insuffisant et, en 1707, André Silbermann le reprit totalement en y plaçant sept jeux. On note au XIXe siècle d'importants travaux par Joseph Callinet en 1824, par Émile Wetzel en 1893. En 1917, la montre est réquisitionnée pour fournir de l'étain à l'armée. L'orgue n'est repris qu'en 1933 par Blanarsch, qui le transforme et remplace la mécanique par un système pneumatique. En 1975, un incendie endommage l'instrument. En 1984, Alfred Kern et son fils reconstruisent l'orgue en utilisant comme base les jeux de Legros, dans une esthétique française XVIIIe, la tribune et les buffets retrouvant leur belle polychromie vert et or. Il faut noter ici, dans la partie supérieure, trois petits buffets du Grand Orgue. Seule la partie centrale contient des jeux, ceux du récit; les deux autres étant décoratives. L'orgue comprend quarante et un jeux sur quatre claviers/pédalier.

mie de certains instruments de Bretagne, voire aux architectes des grands appartements royaux. Les facteurs du Nord, fortement influencés par la splendeur qui caractérise les orgues de Flandres, surajoutent les ornements, comme à Saint-Mihiel, ou réalisent à Saint-Quentin, sur un projet de Berain, un instrument étonnant surmonté d'un dôme, petit temple dédié à la musique dans cet autre temple plus grand qu'est la nef de la collégiale. Ce gigantisme, où semblent atteintes les limites des possibilités acoustiques et décoratives de l'orgue, et auquel répond le faste des façades de Versailles, préfigure les ensembles encore plus élaborés de la facture du XVIIIe siècle.

Cependant, l'architecture maintient la force de sa rigueur en même temps qu'elle traduit avec toujours autant d'évidence la structure interne de l'ensemble instrumental. Une certaine fantaisie est laissée au décorateur mais, jusqu'à la fin du XVIIIe siècle, l'organier impose la prééminence des articulations de son instrument.

EXCELSI
IN LAVDEM

Sur les deux pages : SAINT-OMER (Pas-de-Calais), basilique Notre-Dame.
C'est l'un des ensembles les plus monumentaux et les plus fastueux du nord de la France, heureusement épargné dans une région où les guerres furent particulièrement nombreuses.
C'est en 1717 qu'il fut édifié par les facteurs Thomas et Jean-Jacques des Fontaines, les menuisiers Jean et Antoine Piette et les sculpteurs Henri Piette et Jacques Baligand.
La structure du Positif et la partie centrale du grand buffet (contenant les autres claviers manuels) rappellent les ensembles plus anciens que l'on connaît dans l'Ouest et le Sud-Ouest, avec les lignes obliques des claires-voies des façades.
Les entablements couronnant les tourelles présentent aussi cet aspect XVIIe. Par contre, pour contenir la Pédale, les huchiers et facteurs ont disposé d'énormes parties latérales incurvées dont l'animation linéaire est typique du XVIIIe siècle. Quant au décor : figures allégoriques, anges musiciens, cartouches, guirlandes, il nous entraîne directement dans l'art rocaille, non sans toutefois évoquer les riches ensembles sculptés si chers aux Flamands.
Préservé à la Révolution, l'ensemble, tout en gardant une partie de la tuyauterie d'origine, fut restauré et transformé par Aristide Cavaillé-Coll en 1853. Il comprend quarante-neuf jeux répartis sur quatre plans sonores manuels jouant sur trois claviers (le deuxième clavier anime le Grand Orgue et la bombarde) et pédalier. Relevé par Sesquiès en 1927, l'orgue doit être prochainement restauré. Il constituera un ensemble où se fait la synthèse des esthétiques baroque et romantique.

MUSIQUE SPIRITUELLE, MUSIQUE PROFANE

Au milieu du XVIIe siècle, la vie artistique française subit une profonde métamorphose. Le début éclatant du nouveau règne de Louis XIV se caractérise par une richesse décorative issue de l'influence italienne, dont les plus heureuses réalisations s'épanouissent à Vaux-le-Vicomte, puis à Versailles. Paris acquiert une renommée internationale sans précédent et attire à présent une foule d'amateurs et de musiciens qui, au siècle précédent, auraient plutôt convergé vers Florence, Rome ou Venise. Parmi eux se trouve Froberger, un claveciniste itinérant d'origine allemande, qui s'établira dans la capitale en 1652 et qui exercera sur les musiciens de cette époque une influence déterminante. Virtuose, disciple de Frescobaldi, il mêle avec science le langage italien aux suites de danses chères aux luthistes français et invente ainsi un nouveau mode d'expression au clavier. Son rôle est essentiel auprès de cette seconde lignée d'organistes dont Louis Couperin est le plus éminent; celui-ci régna à partir de 1653 sur l'orgue de Saint-Gervais à Paris, tribune que sa famille conservera jusqu'au XIXe siècle. De Froberger, Couperin a retenu la leçon « d'effets » à l'italienne, alors que son tempérament français demeure attaché à la vivacité du luth. Fidèle à la voie tracée par Titelouze, il compose une musique d'une haute tenue spirituelle, mais il apporte néanmoins à ses pages d'orgue et de clavecin, avec les chaconnes, sarabandes, fantaisies et danses qu'il y introduit, tout un éclairage profane, et il

Sur les deux pages : VALRÉAS (Vaucluse), église paroissiale.
On trouve ici un premier orgue construit en 1506 par Antoine Milani. En 1602, Jean Duvivier, facteur à Langres, refit un instrument neuf qu'il reprit en 1614. En 1648, le facteur Valon plaça un Positif de dos de cinq jeux. C'est en 1667 que Nicolas Bérand restaurera l'ensemble, en transformant profondément la structure générale, lui donnant l'aspect que nous lui voyons aujourd'hui. Il agrandit l'instrument et le grand buffet et fit disparaître le Positif dont la tuyauterie prit place à l'intérieur.
Au début du XVIIIe siècle, Jean Eustache profita d'une nouvelle restauration pour déplacer l'ensemble, qu'il porta sur une tribune. Au XIXe siècle, on conserva les anciens jeux tout en ajoutant un clavier expressif de type romantique.
C'est Mülheisen qui restaurera enfin l'orgue en 1966. Il retrouve ainsi la disposition d'origine avec vingt-cinq jeux et deux claviers/pédalier.
La silhouette de l'orgue de Valréas est très proche de celle des orgues italiens, mais on doit se rappeler que cette petite ville, enclave du Comtat dans la Drôme, est une ancienne possession pontificale relevant d'Avignon, donc historiquement, au-delà, de Rome.

procède ainsi à une véritable synthèse de l'écriture musicale de son temps, ouvrant par là même l'ère de l'orgue mondain, qui verra son plein épanouissement avec les musiciens de Louis XIV.

Dans les mêmes années, Mazarin tente, d'abord sans succès, d'imposer l'opéra italien à Paris. Il se heurte à une résistance nationaliste d'autant plus forte que les Français préfèrent le ballet de cour, divertissement spectaculaire qui allie action, « symphonie » et danses. En 1669 cependant, l'opéra français naîtra officiellement avec la fondation de l'Académie royale de musique, dont Lully prendra le contrôle en 1671. Ce dernier combine avec génie la

Ci-dessus : TARASCON (Bouches-du-Rhône), église Sainte-Marthe.
L'orgue, qui remonte au XVIIe siècle, fut augmenté au début du XVIIIe par le facteur Boisselin. En 1712 il fut amené à l'agrandir et il disposa les deux ailes latérales.

Page de droite : SAINT-PAUL-TROIS-CHÂTEAUX (Drôme).
Détails de l'orgue de l'église de Saint-Paul-Trois-Châteaux, autrefois cathédrale, dont le buffet date du XVIIIe siècle ainsi que certains éléments de la partie instrumentale.

musique et le langage chanté, toujours fondé sur une déclamation des vers à la française, mêlant à l'action une série d'« entrées de danses » présentées avec un grand luxe de mise en scène dans des pièces dont les livrets sont très proches des tragédies classiques de Corneille et de Racine. Ses œuvres auront une grande répercussion sur la vie musicale française au XVIIe siècle. Peu de temps auparavant, l'archevêché avait confirmé officiellement la vocation liturgique de l'orgue dans les offices religieux et imposé une alternance de versets chantés et de morceaux joués. Les contemporains de Louis Couperin, Guillaume-Gabriel Nivers, Jacques Boivin, Michel Corette, André Raison, Nicolas Lebègue, Nicolas Gigault, Gilles Jullien vont, dans leurs suites et leurs livres d'orgue, confier au clavier une musique qui juxtapose de courtes pièces et qui utilise bien les diverses possibilités de l'instrument, tout en s'inspirant, à l'église, d'un langage musical familier aux auditeurs, puisque entendu dans les salons ou à l'Opéra.

Une troisième génération portera l'orgue liturgique à son apogée, qui coïncidera avec celle du très long règne de Louis XIV. Trois musiciens exceptionnels que la chronologie place à l'orée du XVIIIe siècle — mais dont l'influence ne se fera en fait sentir que bien plus tard — vont alors s'imposer : François Couperin, Louis Marchand et Nicolas de Grigny.

François Couperin est le neveu de Louis Couperin. S'il n'a jamais connu son oncle et s'il est privé fort jeune de son père, il n'en est

pas moins appelé à leur succéder dès l'âge de dix-sept ans à la tribune de Saint-Gervais. Ses prestations ne seront d'ailleurs pas limitées à la seule capitale, puisqu'il sera organiste du roi à partir de 1693, en charge d'un des « quartiers ». Les musiciens de la Chapelle royale se partageaient en effet l'année par trimestre de présence, ce qui leur permettait de remplir d'autres obligations. En 1711, il touchera l'orgue blanc et or, tout neuf, que Clicquot venait d'ériger au fond de la chapelle de Versailles et qui constitue encore de nos jours l'un des plus somptueux ornements de l'édifice.

Si la carrière de François Couperin comme organiste est longue, on ne lui doit pourtant que la publication, en 1690 — il avait alors vingt-cinq ans —, de deux messes, la *Messe des paroisses* et la *Messe des couvents*. Ces œuvres sont conçues, pour répondre aux obligations liturgiques, comme une série de versets. Mais, dans le désir de « remplir » un vide de l'office, elles contiennent chacune un offertoire, première pièce « symphonique » au sens initial du terme, où l'orgue joue en soliste, sans aucun souci de l'alternance chantée. L'offertoire de la *Messe des paroisses*, longue pièce de cent quatre-vingt-trois mesures dont l'architecture musicale est proprement éblouissante, constitue une sorte de synthèse du langage musical français à la fin du XVIIe siècle. Elle débute par une grande ouverture à la française, proche des opéras de Lully, suivie d'une étonnante partie centrale où transparaît l'influence des recherches d'écriture horizontale de Frescobaldi et s'achève par une gigue éclatante et brillante. Dans ces pages inspirées, le compositeur a réuni la quintessence des langages musicaux européens, annonçant les plus belles pages de Jean-Sébastien Bach.

L'œuvre de Louis Marchand est à peu près contemporaine. La personnalité de l'homme est redoutable. Organiste, claveciniste, compositeur de génie, il règne sur plusieurs tribunes parisiennes. Son caractère l'amène à de fréquentes disputes conjugales. Sa femme obtient une saisie de ses salaires et l'oblige à quitter la France.

Sur les deux pages : L'ILLE-SUR-TET (Pyrénées-Orientales), église Saint-Étienne.
Commencé en 1714 par Pierre Duran et François Lafaye, l'orgue fut achevé seulement en 1722 par le frère Pascal Cervello. Par bonheur, il fut restauré très tôt au XIXe siècle par les frères Grinda. Ces facteurs méridionaux surent conserver l'esprit d'origine à une période où l'orgue romantique commençait seulement à s'affirmer, en attendant la venue de la personnalité autoritaire de Cavaillé-Coll.
Le plus remarquable ici, vu la situation géographique, est la synthèse opérée entre l'orgue français et les instruments que l'on admire en Espagne. Comme c'est très fréquemment le cas pour les orgues ibériques, le buffet est plat, de structure parallélépipédique, et l'unique animation provient des diverses plates-faces jouant avec la disposition des tuyaux.

Lors d'une des tournées qu'il effectua en Allemagne, en 1717, un duel à l'orgue lui fut proposé, qui devait l'opposer à Jean-Sébastien Bach, déjà célèbre lui aussi. L'histoire — ou peut-être la légende — rapporte que Marchand n'osa pas se présenter et s'enfuit par la première voiture de la ville où devait se dérouler la confrontation. Son œuvre, au-delà des anecdotes, nous montre la grandeur de ses vues à défaut de la qualité de son esprit.

Nicolas de Grigny est un virtuose de sensibilité romantique. Originaire de Reims, organiste de la basilique de Saint-Denis, puis de la cathédrale de sa ville natale, il meurt en 1703, à l'âge de trente et un ans. Son *Livre d'orgue* comprend une messe et des versets. Il y fait preuve d'un respect de bon ton pour le langage déclamé des Français, transposé de l'opéra aux claviers, mais, surtout, il s'épanche en un admirable lyrisme qui prouve sa fascination pour les recherches italiennes comme celles que l'on trouve dans les mouvements lents des concertos de Corelli. Son plus beau titre de gloire ne vient-il pas de l'admiration que lui porte, l'année de sa mort, un jeune compositeur allemand de dix-huit ans qui recopie toute son œuvre? Ce jeune homme s'appelait Jean-Sébastien Bach.

Grâce à ces trois compositeurs, l'orgue français traduit avec éclat la prééminence d'une civilisation dont Versailles devait être, dans l'esprit de Louis XIV, le miroir idéal.

Le Grand Goût, le mariage judicieux et réussi entre les influences française et italienne s'affirment ici d'autant plus que les musiciens ont à leur disposition des orgues de plus en plus perfectionnés dont la palette s'est, au fil des années, enrichie de sonorités incomparables. Et, malgré l'amélioration constante que les facteurs du XVIIIe siècle apporteront encore à l'instrument, leurs successeurs ne pourront que redire, avec moins de génie toutefois, ce qu'ils avaient déjà superbement exprimé.

Ne doit-on pas voir là la conséquence du formalisme grandissant qui marque sans cesse davantage le culte catholique en France? Faut-il alors s'étonner de la lassitude d'un public blasé qui cherche à présent son plaisir dans la musique profane?

Sur les deux pages : MALAUCÈNE (Vaucluse), église.
On sait peu de chose sur l'origine de ce petit orgue construit en 1635. En 1712, Boisselin le reprend totalement, et à la fin du siècle, en 1784, on remarque ici le passage d'Isnard. L'orgue a été heureusement restauré en 1969 par Alain Sals. Il comprend un clavier/pédalier et douze jeux.

De l'instrument liturgique à l'orgue de concert

Avec l'avènement de l'instrument roi, les facteurs d'orgues fondent de véritables dynasties, mais la sensibilité musicale se déplace. Les goûts de la société des Lumières vont à l'effet, au frémissement; à l'exaltation spirituelle succèdent une musique profane, le délassement brillant des concerts, le plaisir frivole des salons. Bach est mort dans l'indifférence générale; règne maintenant la virtuosité. Dans les églises, l'organiste n'attire plus le public que par le brio de ses variations et par les sonorités étonnantes de son instrument.

LE STYLE ROCAILLE

Entre les années 1766 et 1778 paraît, sous la plume d'un savant bénédictin, dom François de Bédos de Celles, *L'Art du facteur d'orgues,* qui est aujourd'hui encore la bible, la référence pour tous ceux qu'intéressent la construction, la réalisation et la mise au point de l'instrument; maintes fois compulsé, invoqué depuis plus d'un quart de siècle, *L'Art du facteur d'orgues* a été l'objet de plusieurs rééditions. Dom Bédos y étudie tout spécialement l'étonnant instrument de Weingarten, en Allemagne, signé Joseph Gabler; enchâssé dans un buffet exceptionnel, il compte parmi les réalisations les plus achevées du style rococo.

Page d'ouverture : PÉZENAS (Hérault), église Saint-Jean. Détail. *Daté de 1776, l'orgue de Pézenas est l'œuvre de Jean-François Lépine. Sa boiserie est quasiment identique à celle de Saint-Roch à Paris, et sa magnifique polychromie rehausse encore la somptuosité de l'ensemble. En 1853, Cavaillé-Coll fut chargé de le restaurer, travail qui ne fut repris que plus d'un siècle après par Gonzalez.*

Sur les deux pages : JUAYE-MONDAYE (Calvados), abbatiale Saint-Martin. Détails. *L'abbatiale fut reconstruite en même temps que l'abbaye au début du XVIIIe siècle, dans un style baroque, sous la direction du père Restout.*

En 1740, la commande d'un orgue fut passée à Henry Parizot, et le buffet fut réalisé par le sculpteur Melchior Verly. Renommé dans la province, Parizot travailla à Dieppe, à Caen et à Falaise, seule autre ville qui possède, à Notre-Dame de Guibray, un instrument bien conservé du même facteur.
L'orgue eut à souffrir, en 1888, d'une restauration qui transforma le récit, mais l'essentiel du matériel sonore fut préservé. Ébranlé pendant la dernière guerre, l'orgue fut repris à nouveau, en 1965, par Gonzalez, qui rétablit les anciens plans sonores.
L'orgue comprend trente et un jeux et quatre claviers/pédalier.

Sur les deux pages : LODÈVE (Hérault), église Saint-Nazaire. *Construit en 1753 par Lépine sur un devis établi par dom Bédos l'année précédente, l'instrument subit, en 1837, une première restauration par* Moitessier. *En 1945, Puget reprit l'instrument, en conservant une dizaine de jeux anciens. Il compte aujourd'hui trois claviers/pédalier.*

DIJON (Côte-d'Or), cathédrale Saint-Bénigne. Détails.

La cathédrale de Dijon, ex-abbaye bénédictine, a possédé de nombreux orgues avant l'instrument actuel : un petit Positif sur le jubé, puis sans doute un Grand Orgue de tribune, œuvre d'un facteur de Troyes, Jean d'Herville.

En 1740, les moines passent commande à Riepp du Grand Orgue actuel. C'est le plus important réalisé par le facteur et l'un des plus imposants du XVIIIe siècle.

Il possède alors cinq claviers/pédalier et quarante-cinq jeux disposés dans une boiserie magnifique, du menuisier Devosge. Elle rappelle, en plus grand, celle de Dole, avec un Positif presque identique, le grand buffet incurvé appuyé sur une montre de trente-deux pieds dans les tourelles latérales et l'ajout d'une cinquième tourelle au centre.

Malgré sa splendeur, l'orgue paraît trop discret pour le XIXe siècle qui exige davantage d'intensité. En 1848, Callinet-Ducroquet agrandit l'ensemble en ajoutant un grand récit et modifie la couleur du buffet peint alors en marron (à l'origine il était sans doute vert et or). Ce vaste clavier de récit englobe l'ancien récit et l'écho, tandis que l'on déplace à la pédale le trente-deux pieds manuel. En 1904, Kühn, facteur suisse, effectua divers travaux et, en 1954, Roethinger avec l'aide de Robert Boisseau restaura l'ensemble. On sacrifia quelques jeux et l'on électrifia. L'orgue était alors disposé à trois claviers/pédalier. En 1970, Philippe Hartmann a effectué un dépoussiérage et tenté un reclassement plus juste de la tuyauterie d'origine. Quant aux pressions, trop poussées, elles ont été réduites. On peut espérer qu'une restauration plus complète et enfin scrupuleuse nous ressuscitera pleinement ce chef-d'œuvre.

L'orgue possède actuellement soixante-trois jeux et trois claviers/pédalier.

Avant de se laisser emporter par les courbes et contre-courbes de ces boiseries contemporaines de Louis XV, on se doit de constater que l'orgue-instrument aborde à cette époque une phase particulièrement créatrice qui va voir l'apparition de chefs-d'œuvre remarquables. Si le XVIIIe siècle est plus celui des facteurs que celui des musiciens, celui des dynasties de constructeurs plutôt que celui des artisans itinérants, l'instrument en lui-même paraît avoir atteint en tout point un équilibre sonore hérité du XVIIe siècle. Grâce aux travaux de grands facteurs comme Jean de Joyeuse, Robert Clicquot, Thierry ou la première génération des Lefèbvre, leurs successeurs peuvent asseoir leurs recherches sur des données déjà

Ci-dessus et ci-contre : STRASBOURG (Bas-Rhin), temple Saint-Thomas.
La base de l'instrument actuel remonte à 1740, date à laquelle il fut construit par Silbermann avec trois claviers/pédalier et vingt-neuf jeux. Cinquante ans plus tard, Sauer ajoutait un jeu de trompette au troisième clavier. Pendant le XIXe siècle, l'orgue est entretenu par les Wetzel. On peut y admirer un Salicional, jeu de Silbermann, très en avance esthétiquement pour l'époque. Pratiquement anéanti par une « restauration » de Dalstein-Haerpfer en 1908, l'orgue comprenait alors trois claviers/pédalier et trente jeux. Il fut à nouveau l'objet de travaux en 1927 et 1938, puis Schwenkedel le porta à quatre claviers en 1943. L'instrument fut électrifié en 1956 par Mülheisen. En 1979, Alfred Kern, utilisant le matériel ancien, replaçait un orgue quasiment neuf, dans l'esprit de celui de Silbermann.

définies. Mais, dans cet orgue, avec ses claviers contrastés et complémentaires, son édifice sonore fondé sur l'harmonie des accords plutôt que sur une vaste polyphonie à l'allemande, tous les grands facteurs du nouveau siècle orientent leurs travaux vers un élargissement de la masse sonore. De plus en plus nombreuses sont les églises où l'organier dispose la basse de son instrument sur une montre de vingt-quatre, voire de trente-deux pieds (10 m). A cet allongement vers le grave, semblable à celui qui résulte des améliorations apportées aux clavecins, vient s'ajouter un accroissement

Ci-contre : SAINTE-MENEHOULD (Marne), église Notre-Dame-du-Château.
Les comptes les plus anciens de l'église notent, en 1478, la présence d'un orgue et d'un organiste payé soixante-quinze sols. Le bord de la tribune actuelle, avec ses panneaux flamboyants, atteste l'existence même de cet instrument ancien. Quelques éléments auraient été incorporés dans le buffet actuel datant de 1648, construit par le facteur de Villiers, originaire de Châlons-sur-Marne, pour la somme de mille deux cents écus. L'instrument était situé dans le bras de transept sud. En 1653, la ville occupée par les Espagnols fut requise par du Plessis-Praslin, mais l'église, transformée en magasin à poudre, fut en partie ruinée pendant le siège, et l'orgue endommagé. En 1665, du Castel, également facteur de Châlons, le restaura et l'établit au fond de la nef. En 1729, Jacques Cochu le reprit totalement puis, en 1781-1782, René Cochu en fit le relevage complet. Lors de la Révolution, l'instrument fut vidé de sa tuyauterie. En 1818, Salmon fut chargé d'y établir un grand Positif cependant que la montre du Grand Orgue était remplacée par des tuyaux de bois ou une toile peinte simulant la façade. Achevé, cet orgue comprenait treize jeux. En 1826, Salmon ajoutait la tuyauterie d'un second clavier disposée dans le buffet du Positif. Des travaux furent effectués par la suite au cours du XIXe siècle et un relevage complet par Sequiès eut lieu en 1921. L'orgue comprend vingt-quatre jeux et trois claviers/pédalier, une partie des tuyaux remontant au XVIIIe siècle.

Page de droite : STRASBOURG (Bas-Rhin), église Saint-Pierre-le-Jeune.
Construit en 1780 par André Silbermann, dont ce fut l'un des derniers travaux à Strasbourg, l'orgue de Saint-Pierre comprenait alors seize jeux sur un clavier/pédalier. En 1820, Sauer, fils d'un ancien compagnon de Silbermann, lui ajoutait un Positif de dos et, par là même, six jeux. En 1900, pendant l'annexion de l'Alsace par l'Allemagne, l'église fut restaurée et l'orgue transporté par Roethinger sur un jubé entre le chœur et la nef. Il fut alors transformé et agrandi. Comme le dos de l'instrument était visible, le facteur construisit à l'arrière une seconde façade, copie de la principale. La console à traction pneumatique fut placée sur le côté. Entre 1948 et 1950, Mülheisen changeait la traction, et portait l'ensemble à quarante et un jeux et trois claviers/pédalier. En 1966, Alfred Kern revint à l'esprit de l'esthétique de Silbermann. On trouve aujourd'hui trois claviers/pédalier et quarante et un jeux. Cet instrument est connu pour les enregistrements d'Helmut Walcha, consacrés à des œuvres de J.S. Bach.

des mixtures, des grosses fournitures, des grosses cymbales, ainsi que des cornets et des anches. On se plaît à doter le clavier du Grand Orgue, parfois doublé d'un clavier de bombarde, de cette anche de seize pieds, la bombarde précisément, qui sonne à l'octave grave de la trompette. Par contraste du relief à la masse sonore, pour augmenter encore la puissance de l'instrument, certains facteurs, comme Louis-Nicolas Lefèbvre en Normandie, François Henri Clicquot en Ile-de-France, surajoutent un doublement, parfois un triplement, de ces batteries de trompettes aux manuels, et quelquefois à la Pédale, jusque-là un peu négligée.

Cette adjonction et la possibilité nouvelle d'y accrocher parfois les notes des claviers manuels, comme à Saint-Étienne de Caen, octroient au pédalier un rôle de plus en plus important et préfigurent ce qui se généralisera au XIXe siècle : un orgue appuyé sur une basse grave aux pieds.

Si les dimensions du buffet de l'orgue du Grand Siècle avaient dû se plier aux exigences de la machinerie qui avait considérablement augmenté, celles des boiseries de la période où le goût rocaille va s'épanouir seront plus considérables encore.

L'orgue de la chapelle de Versailles, flanqué de cinq tourelles, compose un décor raffiné où les courbes des formes et l'ornemen-

Ci-contre : PESMES (Haute-Saône), église Saint-Hilaire.
L'origine de l'orgue de Pesmes pourrait remonter au XVIe siècle, comme en témoignent certains tuyaux utilisés à la reconstruction de l'instrument par Guillaume Mourez en 1727. On remarquera dans le soubassement cette façade supplémentaire qui se présente comme celle d'un Positif sous le Grand Orgue. L'organiste joue sur la façade arrière, puisque le buffet est placé tout à fait au bord de la tribune. L'orgue a été restauré en 1981 par le facteur Deloye avec le concours de Philippe Hartmann, restauration d'autant plus intéressante qu'elle a permis de reconstituer la soufflerie cunéiforme d'origine. L'harmonie de la tuyauterie a été faite avec un tempérament inégal qui autorise à merveille l'exécution de toute la musique du XVIIe siècle. L'orgue comprend une dizaine de jeux et un clavier/pédalier.

Page de droite : HOUDAN (Yvelines), église Saint-Christophe. Détail.
Quoique datant du XVIIIe siècle, l'orgue de Houdan conserve une rigueur de silhouette qui l'apparente aux instruments de la fin du XVIIe siècle. Construit en 1734 par Louis-Alexandre Clicquot, il fut installé dans un buffet signé du menuisier Robert Lisant. Il présente trois claviers/pédalier, et les tuyaux du Positif sont placés dans le grand buffet unique. Cette économie architecturale accentue le caractère XVIIe de l'ensemble. Malgré la proximité de Paris, cet orgue nous est fort heureusement parvenu intact, en dépit d'un projet de modernisation qui fut arrêté avec la mort du curé de la paroisse. En 1974, Boisseau restaura le tout fidèlement à la forme originelle, nous permettant d'entendre exactement ce que pouvait être un orgue de la fin du Grand Siècle.

Sur les deux pages :
TOURNEHEM-SUR-LA-HEM
(Pas-de-Calais), église Saint-Médard.
*L'orgue de Tournehem, comme de nombreux autres dans le nord de la France, fut déplacé à la Révolution. Construit au milieu du XVIII*ᵉ *siècle à St-André-les-Aires, il possédait trois claviers/pédalier et vingt-trois jeux. En 1793, il était transféré à Tournehem par Jean-François Guilmant. Vers 1850, des travaux de restauration furent effectués par le facteur belge Van Peteghem, mais, devant certaines irrégularités, on fit appel à Jean-Baptiste Guilmant pour assurer le meilleur fonctionnement de l'instrument.*

tation du massif sont rehaussées par le jeu des repeints blanc et or, malheureusement trop souvent disparus ailleurs, auxquels s'ajoutent sans retenue des angelots, des nuages sculptés, des palmiers, des trophées d'instruments. La réserve encore classique du couronnement des tourelles surmontées de fleurs de lys « calme le jeu »... alors que, partout ailleurs, s'épanouissent des pots à feu et des corbeilles de fruits. La plupart des tourelles deviennent perchoirs pour anges musiciens, pour victoires ailées qui déploient

Ci-contre : PARIS, église Saint-Séverin.
En 1745, le facteur Claude Ferrand, le menuisier François Dupré et le sculpteur Fichon recevaient la commande d'un orgue neuf utilisant la tuyauterie d'un ancien instrument dont certains éléments restaurés par les Thiérry, entre 1670 et 1673, pouvaient remonter au XVIe siècle. Parmi les organistes, on doit citer au XVIIIe siècle les Forqueray et Nicolas Séjan. Préservé pendant la Révolution, l'orgue fut restauré en 1807 par Pierre Dallery et en 1889 par John Abbey. En 1897, Saint-Saëns en était nommé organiste honoraire. L'instrument comptait alors trois claviers/pédalier et trente-six jeux. En 1958, sous la direction de Michel Chapuis et de Philippe Hartmann, Alfred Kern entreprit une restauration dans l'esprit de l'instrument de Claude Ferrand. Achevé en 1964, l'orgue comprend quatre claviers/pédalier et cinquante-sept jeux.

Double page précédente : EBERSMUNSTER (Bas-Rhin), église (ancienne abbatiale).
Devenu paroisse, l'église abbatiale Ebersmunster est une fort belle construction baroque de fin de XVIIe-début XVIIIe siècle. L'orgue se situe, sur une tribune, à l'extrémité occidentale de la nef, sous une coupole peinte représentant un concert où le rôle essentiel est tenu par sainte Cécile touchant un joli Positif à deux claviers. L'instrument lui-même, dû à André Silbermann, fut commencé en 1730 et monté le 16 juillet 1731. En 1732, André et Jean-André Silbermann ajoutaient deux jeux dont un clairon à la Pédale. En 1782, Johann-Josias Silbermann effectuait de légères réparations et installait un pédalier neuf. Épargné à la Révolution, l'orgue fut relevé en 1857 par Wetzel qui y ajouta une bombarde. Nouveau nettoyage en 1921 par Rinckenbach et en 1939 par Roethinger qui, malheureusement, retoucha l'harmonie, sans changer le diapason de l'orgue. Depuis, rien n'a été fait, et l'instrument d'Ebersmunster, empoussiéré, appellerait un nouveau relevage qui lui rendrait son éclat d'origine. Ayant évité d'importantes transformations, cet orgue se présente avec de nombreux éléments fort intéressants. Construit sur trois claviers/pédalier et possédant vingt-neuf jeux, il a conservé, entre autres, des claviers en partie d'origine, avec l'accouplement à tiroir des I et II (Positif et Grand Orgue). Quant aux tirants des registres du Positif, ils sont disposés derrière l'organiste qui doit se retourner pour les manœuvrer. Il faut admirer l'exceptionnelle tuyauterie presque entièrement d'origine.

sur ces hauteurs un concert décoratif à l'échelle de l'univers sonore qu'ils dominent.

La ligne générale des orgues de Normandie paraît plus austère, avec une série de buffets à quatre tourelles comme celle de Saint-Étienne de Caen, dont l'équilibre est bien adapté aux grandes architectures romanes qui foisonnent dans la région. A Paris, l'aspect rectiligne de la base de l'immense buffet de Notre-Dame est aujourd'hui encore souligné par le balcon de tribune que Viollet-le-Duc y installa. Il faut remarquer ici la disparition du Positif. Mais l'élan ascendant des tourelles vers l'extérieur, les courbes des claires-voies, les rocailles et les angelots des culots supportant ces tourelles confèrent une agitation bien nouvelle à un gigantisme qui perd alors de son statisme.

Ailleurs, la mobilité des formes est encore plus évidente, comme le montrent l'entablement de Compiègne ou celui de Châlons-sur-Marne. Parfois la boiserie tout entière s'incurve, comme dans l'orgue de Saint-Séverin à Paris ou dans celui de Saint-Louis de Versailles. L'effet est plus inattendu encore lorsque ce mouvement prend naissance aux bas des tuyaux, comme à Saint-Roch à Paris, à Pézenas, à Saint-Pons de Thomières ou à Saint-Sernin à Bordeaux. Par opposition à la rigueur normande, les façades des orgues du Sud-Ouest sont animées et luxuriantes; il en va ainsi à Notre-Dame de Bordeaux, à Narbonne ou à Albi, alors que à Dijon ou

NARBONNE (Aude), église Saint-Just (ancienne cathédrale). Détail de l'orgue.
L'orgue fut édifié par Moucherel en 1739-1740 sur un plan un peu moins élargi que celui de Sainte-Cécile d'Albi. Ici, en effet, le Grand Orgue ne compte que sept tourelles, même si le Positif en présente encore cinq. L'instrument fut reconstruit par Jean-François Lépine entre 1766 et 1770 et une expertise fut demandée par le facteur à dom Bédos suite à un différend entre Lépine et l'organiste local Labadie. A l'occasion de cette expertise, le musicien, pour nuire à l'organier, fit entendre l'orgue, les jeux à demi tirés, donnant ainsi une impression de fausseté, mais finalement dom Bédos ne s'y laissa pas prendre et « surpris de trouver l'orgue le plus parfait » donna raison au facteur.
Sauvé sans doute à la Révolution par l'organiste qui y joua des chants patriotiques, l'instrument fut revu ensuite par Campardon, de Toulouse, sans qu'il y apporte de modifications. En 1833, Loiselot changea la soufflerie et effectua diverses transformations.
Zeiger, en 1844, opéra la métamorphose du récit en un clavier neuf de sept jeux expressifs.
En 1910, un incendie dans le chœur de la cathédrale faillit ruiner l'orgue, et plusieurs tuyaux de façade s'effondrèrent dans la nef. Le tout fut restauré de 1925 à 1927, dans une esthétique néoclassique, par Maurice Puget. Celui-ci vida le Positif, transforma la mécanique en un système tubulaire et l'instrument en un trois claviers/pédalier et soixante-six jeux, dont on attend aujourd'hui une meilleure restauration.

Ci-dessus : ALBI (Tarn), cathédrale Sainte-Cécile.
Cet orgue immense fut édifié de 1734 à 1736 par Moucherel. Comme ailleurs, ce facteur a étendu en largeur ses façades, leur donnant des dimensions inhabituelles tout en multipliant de façon étonnante les tourelles (neuf au Grand Orgue, cinq au Positif).
Dès 1747, les Lépine, père et fils, reprirent l'ensemble, l'agrandirent et ajoutèrent un cinquième clavier et plusieurs jeux. On note ensuite le passage de plusieurs facteurs, Joseph Isnard en 1779, Lavergne en 1779 et 1781, Peyroulous en 1824 et Louis Clavel en 1838. Une fois de plus, en 1841 et en 1842, on constate ici le passage plus que malencontreux des frères Claude, qui néanmoins conservèrent l'essentiel. En 1856, des travaux sont exécutés par Jungk mais, en 1902 et 1904, Puget effectua une véritable reconstruction, ne conservant qu'une partie des jeux d'origine sur trois claviers/pédalier, dans une esthétique romantique. C'est enfin, entre 1970 et 1986, que fut reconstitué le bel ensemble de Moucherel. Ce travail, effectué par Formentelli, a permis de retrouver les cinq claviers manuels d'origine et une composition riche de cinquante-cinq jeux.

Page de droite : SIZUN (Finistère), église.
Construit par Dallam, l'orgue daterait de 1688. Restauré au XIXe siècle par Heyer, il comprend deux claviers/pédalier et vingt jeux.

à Dole le ton est donné par l'élégance un peu « germano-rocaille » de la décoration.

Plus à l'est, encore, dans la Lorraine du duc-roi Stanislas, beau-père de Louis XV, les facteurs de Lunéville, de Bar-le-Duc, de Verdun et de Nancy rivalisent d'invention et de nouveauté dans le dessin. Les boiseries alsaciennes des Grands Orgues de Silbermann offrent la délicatesse d'un décor plaqué sur une structure stricte. Une fois de plus, le Nord emprunte beaucoup de sa richesse à la facture brabançonne.

Mais, pour découvrir la perfection, le buffet type de ce siècle, dont la grâce n'exclut pas une certaine ordonnance, sans doute faudrait-il prendre l'exemple de la façade de l'orgue de Mondaye, abbaye prémontrée située à deux lieues de Bayeux, au cœur de la Normandie, dont le facteur est d'origine lorraine.

Cette période est celle des familles, des dynasties de facteurs. Ces artisans forains sont devenus des notables comme les Lépine, les Moucherel, les Clicquot. Des traditions sont nées qui garantissent la qualité des œuvres, qui définissent une morale de la profession. Gare à celui qui s'en écarte, comme ce membre de la famille Lefèbvre de Rouen, contraint de s'expatrier et qui finira ses jours à Carthagène, en Colombie, où il construira des orgues normands pour les jésuites espagnols.

Ces grandes familles ont des liens internationaux, comme les Silbermann, ou plus encore les Riepp qui construisent à Dijon, à Dole, mais aussi à Ottobeuren, en Bavière, et encore dans l'est de l'Allemagne.

Au XVIIe siècle, le facteur arrivait avec famille et outils. Il construisait son orgue, s'établissait dans la ville ou le bourg le temps nécessaire à la réalisation du travail. Parfois, il y demeurait un temps comme titulaire de l'orgue avant d'aller tenter fortune ailleurs ou d'être appelé, grâce à son renom, sur d'autres chantiers. A l'époque nouvelle, au contraire, son renom rayonne sur toute une province, même si certains changent d'horizon : Parizot, de l'Est, s'établit en Normandie, Waltrin de Belfort travaille en Bretagne. Les plus grands vont et viennent : Lépine, Dupont, Cochu, Clicquot, Lefèbvre. Ils semblent bien provinciaux, dans leur Midi, ces Cavaillé dont le premier, Joseph, est un religieux qui initiera ses neveux à la profession. Paradoxalement, c'est dans leur descendance que naîtra le plus grand facteur du XIXe siècle, Aristide Cavaillé-Coll.

Face à ce foisonnement, à cet extraordinaire élan créatif où la machine-orgue se révèle de plus en plus parfaite, où le simple fait d'enfoncer quelques touches, de tirer quelques registres procure un son admirable, la musique d'orgue des Boyvin ou celle de d'Aquin, toute tissée de redites, semble appliquer inlassablement des recettes dépassées, dans le but d'attirer en grand nombre un public peu exigeant que la simple audition des sonorités somptueuses de l'instrument suffit à exalter. La qualité des compositeurs est à ce point inversement proportionnelle à celle des facteurs : l'orgue rocaille est avant tout et presque exclusivement un merveilleux produit d'artisans de génie.

PARIS, église Notre-Dame-des-Blancs-Manteaux. Détail.
Cet orgue est l'heureux aboutissement d'une série de métamorphoses. Au départ, on installa un orgue de chœur de Louis Callinet. Puis Merklin construit un nouvel orgue en utilisant des boiseries anciennes. Enfin en 1924, Convers le transforme en un instrument de trois claviers et trente-deux jeux. Alfred Kern reconstruit un orgue dans l'esprit baroque nordique. Celui-ci comprend quatre claviers/pédalier et quarante-trois jeux avec Positif de dos. Cet instrument entièrement mécanique est sans doute le plus bel orgue de Paris.

LES ORGANISTES-CLAVECINISTES DU XVIIIe SIÈCLE

Grâce au génie des facteurs et des décorateurs, l'orgue français classique atteint sans doute son apogée entre 1730 et 1780. Cependant, une profonde évolution du goût, liée aux transformations dont la société française est alors le théâtre, va provoquer une décadence de l'art musical, décadence qui se prolongera jusqu'au milieu du XIXe siècle. Au siècle des Lumières, l'Église se heurte en effet à un scepticisme grandissant au sein d'une société en pleine mutation. Quel peut être le dénominateur commun des préoccupations culturelles d'un fermier général, d'un laquais enrichi sous la Régence et d'un encyclopédiste à la mode? La musique devient de plus en plus un sujet de polémique, comme en témoigne la « querelle des Bouffons » qui oppose durement les tenants de la tradition lyrique française aux partisans de la musique italienne, et qui verra Jean-Philippe Rameau répondre aux théories musicales « anti-françaises » de Jean-Jacques Rousseau.

Double page précédente : BELFORT (Territoire de Belfort), cathédrale Saint-Christophe.
L'architecture du Grand Orgue de Saint-Christophe de Belfort est assez typique des instruments de l'Est avec sa large façade, ponctuée de cinq tourelles de taille identique, relevée par sa décoration rocaille dorée à la feuille. Cet orgue fut construit en 1750 par Joseph Valtrin de Mirecourt, fils d'un facteur d'origine allemande. En 1815, François Callinet répare les dégâts datant de la période révolutionnaire, et ses descendants effectuent un agrandissement en 1848. Restauré plusieurs fois, l'orgue est repris en 1971 par Schwenkedel, de Strasbourg. Mêlant les goûts français et germanique, l'instrument comprend cinquante-deux jeux et quatre claviers/pédalier; il convient aussi bien à l'œuvre de Bach qu'à celles de musiciens romantiques ou contemporains. Marie-Claire Alain a choisi d'y enregistrer l'œuvre de son frère Jehan Alain.

Ci-contre : SARLAT-LA-CANEDA (Dordogne), église Saint-Sacerdos, ancienne cathédrale. Détail.
Œuvre de Jean-François Lépine, datée de 1752, l'orgue de Sarlat fut, sans doute, relevé en 1770 par François-Henri Clicquot. L'instrument devait alors posséder une quarantaine de jeux et quatre claviers/pédalier. Au XIXe siècle on chercha à moderniser cet ensemble classique : le facteur Bessadin, en 1850, le réduisit à trois claviers avec un récit romantique et trente-sept jeux. L'essentiel du matériel sonore de l'église avait été conservé.
En 1933, Hermelin effectuait de menus changements de jeux. Une nouvelle restauration intervint en 1963-1964; elle fut menée par Haerpfer-Ermann qui porta à nouveau l'orgue à quatre claviers. On peut espérer que cette intervention sera suivie d'une véritable résurrection du vieil orgue de Lépine, dont la tuyauterie, malgré ces transformations, est parvenue jusqu'à nous.

NANCY (Meurthe-et-Moselle), cathédrale.

Le règne du duc Stanislas Leszczyński, beau-père de Louis XV et ancien roi de Pologne, a été des plus bénéfiques pour la Lorraine. Grâce à son influence, sa capitale, Nancy, se métamorphosa en une superbe cité de style rocaille. La cathédrale, d'un pur baroque rococo, fut achevée en 1742 et un Grand Orgue commandé immédiatement. Pour cela, le chapitre s'adressa à Joseph et Nicolas Dupont, facteurs à Malzéville, les meilleurs de la province.

Ceux-ci, dans un style personnel, construisirent leur orgue dans un vaste buffet incurvé et très large de façade, avec une multiplicité de tourelles (sept au Grand Orgue, cinq au Positif) et un motif de rocaille en boiserie pour fixer le centre de la composition. L'instrument comportait cinquante-quatre jeux sur cinq claviers/pédalier et avait coûté trente-six mille livres.

Endommagé à la Révolution (les symboles religieux et armoiries ayant été cassés), il fut restauré entre 1808 et 1814 par Waltrin, alors âgé de quatre-vingt-dix ans, que l'on connaît comme créateur de l'orgue de Belfort. Il ajouta deux jeux de bombarde, l'un de seize, l'autre de trente-deux pieds. Achevant son travail, il avoua alors commencer seulement à comprendre l'orgue!

Entre 1838 et 1840, l'instrument fut malheureusement confié aux frères Claude, de Mirecourt, facteurs malhonnêtes et incapables, responsables de la destruction de la plupart des instruments auxquels ils travaillèrent. A cause d'eux, l'orgue de Nancy était devenu inutilisable et il fut finalement confié à Aristide Cavaillé-Coll, dont le travail dura jusqu'en 1889.

En 1965, il fut repris à nouveau par Haerpfer-Ermann et plusieurs jeux de Cavaillé-Coll furent changés. Il possède soixante-trois jeux dont vingt-sept du XVIIIe siècle, vingt-deux de Cavaillé-Coll et quatorze d'Haerpfer-Ermann.

Sur les deux pages : DOLE (Jura), église Notre-Dame.
Dole possède l'un des plus beaux instruments de France. Il fut construit en 1754 par Charles-Joseph Riepp, facteur allemand d'origine souabe, qui édifia entre autres, outre-Rhin, deux orgues admirables conservés dans leurs buffets baroques à l'abbaye d'Ottobeuren. Installé en Bourgogne, Riepp conservait de nombreux contacts avec sa patrie d'origine et l'orgue qu'il réalisa à Dole se veut une synthèse des goûts français et allemand.
En 1778, la foudre ayant largement endommagé l'instrument, Rabiny et Weber commencèrent par le réparer, mais l'essentiel du travail de transformation, dans un esprit plus français, fut entrepris par François Callinet en 1788.
Quelques travaux furent effectués pendant la Révolution et juste après, mais la reprise la plus importante de l'orgue date de 1827, lorsque l'on décida de le confier à l'Alsacien Joseph Stiehr, de Strasbourg. Non seulement il agrandit l'ensemble, mais il construisit un troisième clavier (de récit) fort important. En 1854-1855, Xavier Stiehr et Mockers complétèrent ce grand instrument de quatre claviers/pédalier et de soixante-deux jeux.
Certains projets dans la seconde moitié du XIXe siècle et au XXe ne furent heureusement pas réalisés.

Enfin un important relevage et une restauration menés en 1959 par Chéron et Philippe Hartmann nous permettent de retrouver ici l'une des plus belles synthèses existant en France. Cependant, le mauvais état de la mécanique et la volonté de se rapprocher le plus possible de l'original devaient aboutir à une complète révision de l'ensemble. Tel qu'il est aujourd'hui, tel qu'on peut l'entendre, l'orgue de Dole est l'un des plus fascinants qui ornent nos églises. Le visiteur notera l'élégance particulière du grand buffet à quatre tourelles, légèrement incurvé, singulièrement encadré de lourdes draperies en cuir qui cachent une partie de la tuyauterie de Pédale.

Parallèlement à la tragédie lyrique, fondée sur la déclamation et l'exaltation des valeurs morales classiques, les concerts de musique profane connaissent un grand succès. Dans les nouvelles manifestations, tel le Concert spirituel qui s'établit aux Tuileries, l'orgue apparaît comme un instrument à part entière, concertant ou se fondant dans l'ensemble orchestral. Son rôle ne consiste pas seulement à accompagner certains motets du Grand Siècle, toujours prisés, mais à mettre en valeur le talent d'improvisation d'un Louis Claude d'Aquin. Dans les salons, où le clavecin règne en maître, se multiplient ces petits orgues portatifs dont la fonction musicale n'a plus aucune connotation religieuse.

A l'Église, les instruments ne servent plus qu'à faire entendre une musique mondaine, permanent reflet des œuvres profanes interprétées au concert ou à l'opéra. Et, des compositeurs de la génération précédente, cette musique n'a retenu que la recette de plus en plus figée du « livre d'orgue » ou de la « suite pour orgue ».

Jean Adam Guilain publie en 1706 un ouvrage, alors qu'il vient d'être nommé suppléant de Marchand. Il écrit des versets de magnificat dont l'inspiration est fortement influencée par le clavecin, où, par ailleurs, il excelle. Encore doit-on lui rendre justice : il est, comme tous ses contemporains, un adepte des « goûts réunis », joignant ceux de l'Italie et de la France, avec un grand respect de la liturgie. Pierre du Mage paraît plus sec, plus stéréotypé dans son inspiration, comme en témoigne son *Livre d'orgue*, publiqué en 1708. C'est un provincial, il est organiste à Saint-Quentin, puis à Laon. Il finit par abandonner son art pour entrer dans l'administration. Ses qualités d'exécutant étaient telles que, en 1733, on lui demanda de participer à la réception du Grand Orgue de Notre-Dame de Paris, orgue signé Thierry.

Sur les deux pages : LUNÉVILLE, (Meurthe-et-Moselle), église Saint-Jacques.
L'orgue de Saint-Jacques de Lunéville, cité ducale chère à Stanislas Leszczyński, est sorti en 1749 des ateliers de Joseph et Nicolas Dupont. Spécimen unique, il se présente non comme un instrument de musique, mais comme un décor de théâtre, tout l'aspect fonctionnel ayant disparu. En effet, ici point de tuyaux, mais la façade présente des toiles peintes disposées entre les éléments d'un temple baroque.
*Il faut noter qu'à la même époque, au milieu du XVII*e *siècle, l'architecte Laurent avait proposé un dessin semblable pour l'orgue de Saint-Sulpice à Paris, projet qui non seulement fut refusé, mais sévèrement critiqué ensuite, notamment par le menuisier Roubo et par le théoricien de l'orgue dom Bédos de Celles. Il semble assurément, malgré la beauté de la réalisation, que l'orgue de Lunéville présente l'extrême limite de l'absurde. Pour la partie sonore, l'instrument fut repris ensuite, en 1862, par Jacquot et Jeanpierre, puis reconstruit en 1914 et relevé en 1930 par Jacquot de Rambervilliers.*

Ci-contre : ST-PONS-DE-THOMIÈRES (Hérault), église. Détails.
Édifié par Micot au-dessus du maître-autel baroque de l'église en 1771-1772, cet ensemble superbe est typique des buffets de structure bordelaise. On y trouve en effet un grand buffet à cinq tourelles dont la partie centrale (trois tourelles et deux plates-faces) est beaucoup plus élevée que les ailes. Sculpté et polychromé, le buffet abrite un ensemble sonore magnifiquement conservé. On notera particulièrement l'extraordinaire qualité des cornets et le travail du bois soutenant leur tuyauterie qui forme, à l'intérieur de l'orgue, une sorte d'amphithéâtre.

Page de droite, en haut : LA ROCHELLE (Charente-Maritime), cathédrale Saint-Louis. Détail.
L'orgue semble dater du milieu du XVIIIe siècle, puisqu'il fut expertisé en 1750 par Nicolas Gousset. La Révolution avait dû vider la boiserie, car, en 1836, John Abbey y placa un orgue neuf que Cavaillé-Coll reprit entièrement dix ans plus tard. Curieusement, celui-ci démonta ultérieurement l'instrument pour l'installer dans la paroisse de l'île d'Oléron. A la suite de cela, en 1866, Merklin, de Lyon, reconstruit un instrument, qui sera relevé successivement par Debierre et par Gloton, facteurs à Nantes.

Page de droite, en bas : LA ROCHELLE (Charente-Maritime), église Saint-Sauveur. Détail.
Angelot en bois blond.

Louis Nicolas Clérambault serait le meilleur de tous. Il est organiste à Saint-Sulpice à Paris et publie en 1710 ses deux suites d'orgue dans le premier et deuxième ton (tons liturgiques). Avec lui — et la chose est assez paradoxale pour un homme qui se vit confier par Mme de Maintenon, au début du siècle, l'éducation musicale des jeunes filles de Saint-Cyr —, c'est l'opéra galant qui entre dans le répertoire organistique. Que de délicatesses charmantes dans ses *Dialogues*, où les jeux de l'orgue ne visent qu'à remplacer la voix des chanteurs sur la scène lyrique.

Vers le tournant de 1750, les concerts deviennent de plus en plus nombreux, aussi bien à Paris qu'en province. Le goût évolue, et les compositeurs français vont très vite s'adapter à un genre musical de forme plus classique, importé par des musiciens tchèques ou allemands, dont les œuvres et la virtuosité sont partout applaudies. Le vieux contrepoint s'efface peu à peu, et c'est à un art brillant et futile que les organistes français se livrent, cependant qu'en cette même année 1750 disparaît le plus grand génie de l'orgue, Jean-Sébastien Bach.

Dans toute cette seconde partie du XVIIIe siècle, on assiste à une désaffection notoire pour les formes liturgiques anciennes, au profit d'un art d'improvisation agrémenté à profusion d'ornements dans un style emprunté aux luthistes et plus encore aux clavecinistes, qui étaient souvent doublés d'organistes. L'incomparable virtuosité à laquelle s'obligent, à présent, les musiciens, répondant en cela aux nouvelles exigences d'un public élargi, la valeur émotionnelle des mélodies puisées dans le répertoire populaire attirent à l'église une foule de plus en plus enthousiaste.

La période de Noël est propice à ces auditions d'orgue, qui remportent un succès si vif que l'archevêque de Paris doit faire appel à la force publique pour éviter les graves désordres provoqués par l'engouement d'un public plus avide de musique facile que de recueillement. Le genre fait recette, où les organistes vont pratiquer une forme toute nouvelle de variations mélodiques, pour lesquelles ils vont exploiter toutes les ressources techniques et sonores de leur instrument. Louis Claude d'Aquin, Jean-François d'Andrieu, Claude Balbastre, Michel Corette, Antoine Dornel divertissent en puisant leurs thèmes aussi bien dans des cantiques que dans les chansons de taverne. Les refrains sont écrits sur des paroles à la verve populaire, mais leur forme musicale autorise toutes sortes de variations. Ainsi défilent les musettes, les dialogues de flûtes évoquant des bergers dignes des tableaux galants de Boucher, avant que ces noëls ne s'achèvent sur un Grand Jeu dont la puissance arrache au public des applaudissements mérités. La question reste toutefois de savoir si le saint lieu, en France, n'est pas en train d'être confondu avec une très profane salle de concert.

La France musicale de la période révolutionnaire

La Révolution va porter un coup décisif à la mission spirituelle de l'orgue; les instrument sont pillés, fondus en canons ou transformés en machines à faire danser le peuple. Durant la tourmente révolutionnaire, les grands facteurs ont disparu. Les innovations techniques viennent d'Allemagne, de Suisse ou d'Italie, et une nouvelle sensibilité préromantique se cristallise dans les œuvres pour pianoforte et pour orchestre. L'orgue, quant à lui, se prépare à aborder l'extraordinaire transformation qui lui permettra de s'enrichir de toutes les colorations sonores de l'orchestre symphonique.

LA FIN DE L'ANCIEN RÉGIME

Profondément touchée par les bouleversements intellectuels et moraux du siècle des Lumières, l'Église aborde avec les plus grands doutes ces dernières décennies. L'institution est liée à une hiérarchie sociale désuète que nombre de ses membres s'apprêtent à contester. Le haut clergé — commanditaire principal, avec le roi, des grands travaux — croit-il encore à sa mission? On peut en douter. Néanmoins, au niveau immédiatement inférieur, dans les chapitres des cathédrales et dans les grandes paroisses urbaines, on maintient toujours l'alliance séculaire de la religion et de l'art. A côté de l'orgue, que de mobiliers rajeunis, de peintures où les

Page d'ouverture et à droite : PONTARLIER (Doubs), église Saint-Bénigne.
A l'origine, cet orgue est sorti des mains du facteur Claude-François Saumet de Besançon en 1758-1759. Le buffet fut édifié par le menuisier Vorbe et sculpté par les frères Guyon, ébénistes. En 1815, François Callinet dut le reprendre après une longue période de délabrement dû au manque d'entretien. Il fut entièrement reconstruit par Joseph Callinet en 1845, qui conserva une partie des tuyaux en plomb d'origine.
Dans un souci de préserver l'avenir, selon son habitude, Joseph Callinet laissa un espace libre pour un agrandissement éventuel. En 1868, les frères Goyadin purent dans ces conditions ajouter une bombarde. Modifié une première fois en 1906 (ajout d'une console indépendante, transformations sonores), l'orgue fut déplacé derrière l'autel en 1970. Désireux de retrouver l'orgue de 1845, Bernard Aubertin entreprit en 1980 une restauration de la boiserie, de la mécanique et de la partie sonore. Celle-ci, achevée en 1983-1984, a permis à l'orgue d'avoir trois claviers/pédalier et quarante jeux.

Page de gauche : CAMBRAI (Nord), *détail de l'orgue de la cathédrale Saint-Sépulcre. Angelot au niveau de la tribune.*

E. BUISINE SCULPT. LILLE

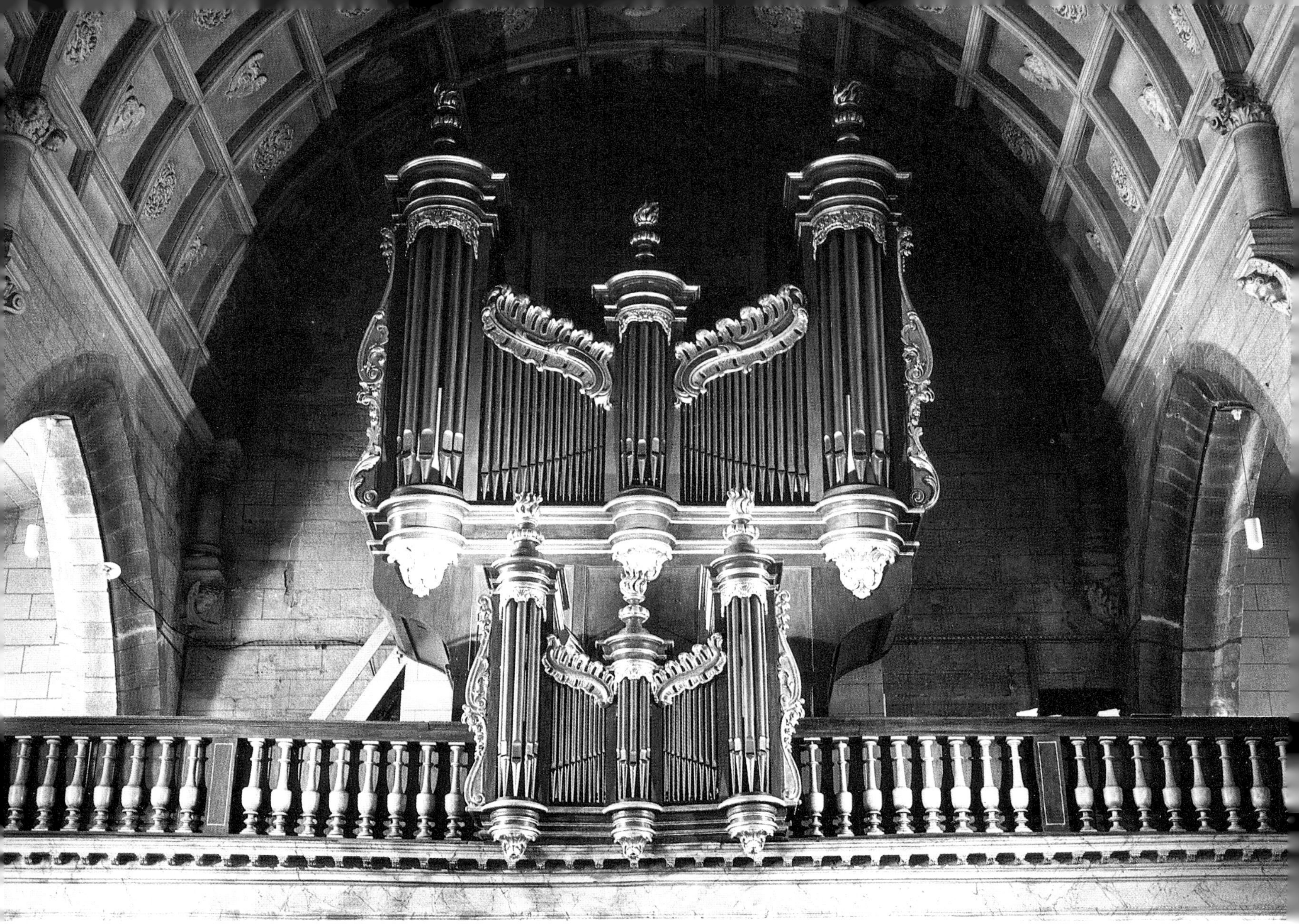

Double page précédente : CAMBRAI (Nord), cathédrale Saint-Sépulcre.
L'orgue de Saint-Sépulcre, simple église devenue cathédrale, est l'œuvre d'Aimé-Joseph Carlier. Sa date de construction exacte est inconnue, mais il fut construit dans la seconde moitié du XVIIIe siècle. Le buffet, assemblé par Buisine, menuisier ébéniste de Lille, est remarquable par le mouvement incurvé de la façade, synthèse de la véhémence du style rocaille et d'une rigueur néoclassique naissante.

Ci-dessus : AURAY (Morbihan), église Saint-Gildas.
En 1759, Saint-Gildas d'Auray possédait un vieil orgue, dont on ignore tout, mais que le conseil de fabrique décida de remplacer. On prit marché avec Humbert Waltrin, d'origine germanique, parent d'un facteur que l'on rencontre en Lorraine et en Alsace. Celui-ci, pour neuf mille livres, répara le « petit jeu d'orgue » qui fut placé dans la chapelle Notre-Dame et édifia le nouvel instrument, achevé en septembre 1761. On sait peu de chose sur l'instrument de Waltrin dans son état d'origine. Vers 1860, Heyer, facteur venant de Silésie et établi en Bretagne, à qui l'on doit de nombreux orgues encore conservés dans la région, utilisa une grande partie du vieux matériel pour reconstruire l'instrument que nous connaissons et qui a été restauré vers 1980 avec beaucoup de fidélité par Renaud de Nantes. L'orgue comprend trois claviers/pédalier et vingt-six jeux.

reconstitutions à l'antique font merveille, que de stalles, d'entourages de chœurs rénovés introduisant dans des architectures gothiques un art étrangement néoclassique, comme à Amiens ou à Chartres! Est-ce pour complaire au goût des contemporains? C'est possible. Mais ne doit-on pas y voir aussi un réel souci de revivifier un décor, une liturgie, chez un grand nombre de prêtres qui, lors des crises révolutionnaires, sauront donner toute la mesure de leur valeur?

Après tout, un rien de scepticisme, une influence encyclopédique, pour ne pas dire voltairienne, pourraient apporter à ce clergé une largeur de vue digne de son Église et de son temps. De toute évidence, le clergé régulier, celui des abbayes, est de plus en plus sclérosé. Du point de vue esthétique, le pire ne vient pas que de ces moines réformateurs pour qui, comme pour ceux de Saint-Maur, toute beauté semble condamnable. Il suffit pour s'en convaincre d'évoquer la dégradation de la façade et d'une partie de la nef du Mont-Saint-Michel avec cette lugubre reconstruction toujours visible de nos jours à l'ouest de l'église abbatiale.

Il ne faudrait certes pas généraliser : le nombre des nouveaux orgues, les commandes passées jusqu'à la Révolution (Saint-Guilhem-le-Désert est mis en place en 1789), la prolifération des facteurs montrent bien que l'élan ne s'est pas arrêté.

Quel est cet orgue de la fin du siècle? Il est l'accomplissement parfait de ce qu'annonçaient les splendeurs du début du siècle. L'ère de la grande facture d'orgues en France est à son apogée avec François Henri Clicquot, dom Bédos, Lépine, Jean-Pierre Cavaillé, Jean-Baptiste-Nicolas Lefèbvre et tant d'autres, mais aussi avec la facture alsacienne des Silbermann. Certes, ici et là, sous l'influence de ces facteurs alsaciens ou de l'Allemand Riepp, ajoute-t-on peut-être une viole, une flûte, une musette, mais l'ensemble est et se veut toujours de structure baroque. Parfois, une sorte de démesure est atteinte, comme à Saint-Sulpice à Paris ou à Saint-Martin à Tours, mais l'évolution technique de l'instrument n'est plus une priorité tant est achevée l'articulation générale des plans sonores et des couleurs des timbres. Seules changent la parure et les structures du buffet qui, entre 1760 et 1789, acquièrent plus de rigidité.

A Poitiers comme à Paris, en l'église Saint-Nicolas-des-Champs, Clicquot conserve des tourelles arrondies, mais les écussons des montres, les frises et les entablements s'alignent peu à peu en une horizontalité soulignée. Les tourelles elles-mêmes sont aplaties et ramenées à l'aplomb général, selon le style qui prévaut sur la façade du précieux ensemble construit en 1780 qui se trouve aujourd'hui à l'abbaye de La Lucerne, dans la Manche. Si à Chaumes-en-Brie la tourelle latérale demeure, l'ensemble avec sa grande et unique plate-face suggère plus une grande armoire qu'un noble instrument

Ci-contre : CASTELNAUDARY (Aude), collégiale Saint-Michel.
A la fin du XVIe siècle, un orgue fut placé à Saint-Michel. Il devait présenter un aspect très riche puisque les archives parlent de dorure à effectuer, travail curieusement réalisé... par l'organiste. Au XVIIe siècle, cet instrument à l'aspect trop gothique sans doute offusque la vue, et on décide de le remplacer. Il faut croire que la musique n'apparaissait pas comme essentielle aux chanoines de Castelnaudary puisqu'ils attendirent 1774 pour vendre cette vieille carcasse d'autant plus inutile que, dès 1718, l'organiste avait dû quitter son poste tant l'orgue était injouable. Jean-Pierre Cavaillé acheva son ouvrage en 1778, ainsi l'orgue comptait vingt-neuf jeux et trois claviers/pédalier. C'est son petit-fils, Aristide Cavaillé-Coll, qui reprend l'instrument, l'agrandit en 1860, à nouveau en 1878, ainsi qu'en 1883 pour en faire un instrument romantique en vidant le Positif de dos. Classé monument historique en 1969, l'orgue est confié en 1978 à Bartolomeo Formentelli qui restaure le tout, en retrouvant les éléments supprimés en partie au XIXe siècle.

Page de droite : SAINT-JEAN-DE-LOSNE (Côte-d'Or), église.
En 1750, un projet d'orgue fut commandé à Karl-Joseph Riepp. Refusé dans un premier temps, il fut finalement réalisé par Bénigne Boillot en 1768. Très heureusement conservé dans un état proche de l'original, cet orgue possède la silhouette typique des instruments du sud-est de la France, avec notamment son Grand Orgue un peu épaté en largeur et ses quatre tourelles dont la composition est proche de la rythmique paire adoptée par Riepp à Dole. Restauré en 1962 par Philippe Hartmann, il comprend vingt-quatre jeux et deux claviers/pédalier.

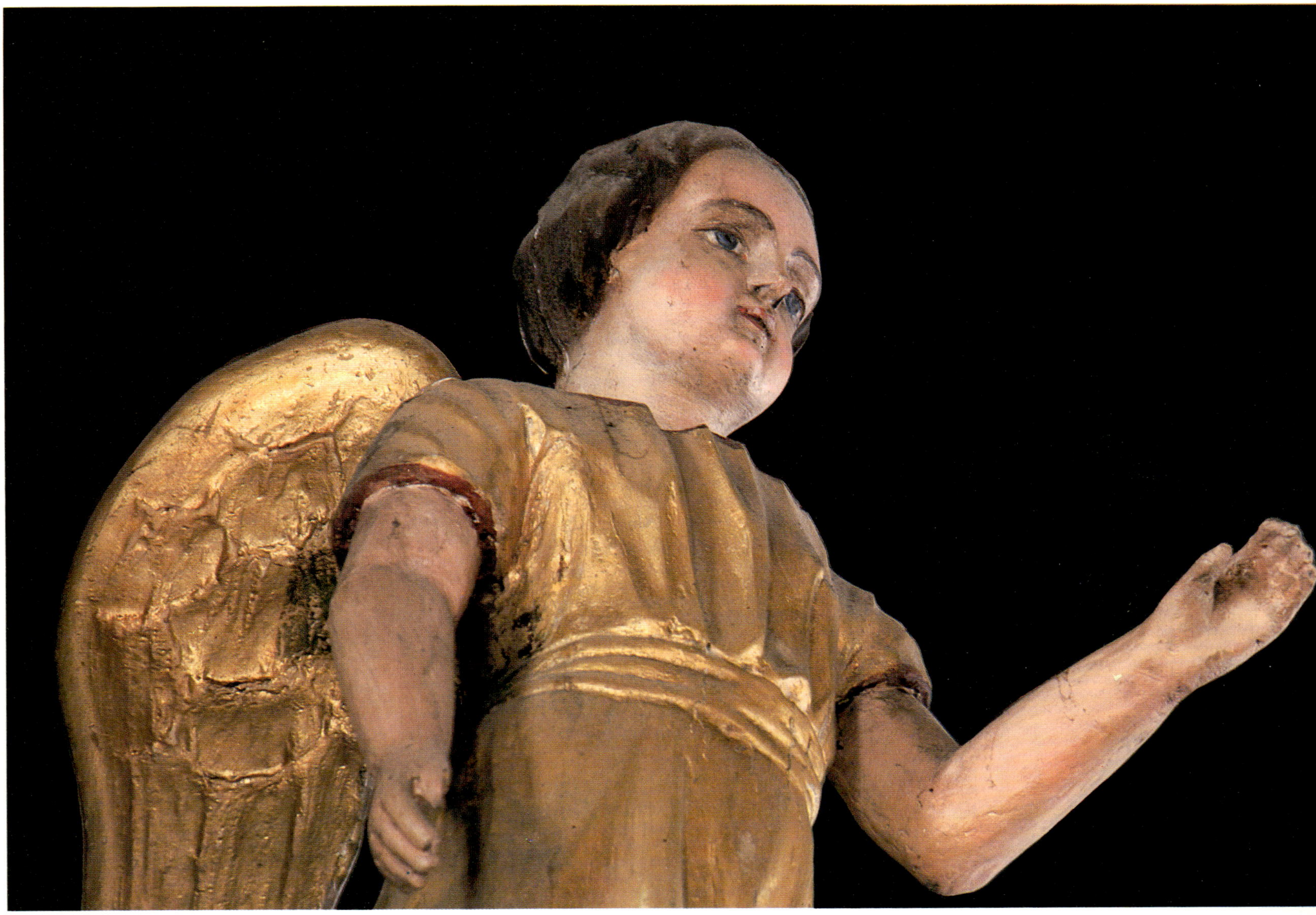

de musique. A Saint-Martin de Morlaix, le moine-facteur Florentin Grimault mêle presque plates-faces et tourelles latérales, annonçant une rectitude dont pourrait s'inspirer un décorateur moderne. Le pire exemple, dans son outrance, est assurément l'orgue de l'église Saint-Sulpice à Paris. La paroisse est riche et, sitôt la nef immense et la façade achevées, elle fait appel, dans un désir absolu de néoclassicisme, à François Henri Clicquot pour l'orgue et à Chalgrin pour le buffet.

L'architecte, qui, plus tard, réalisera l'arc de triomphe de la place de l'Étoile, dessine une boiserie en forme de temple antique, alour-

Sur les deux pages :
HOUTKERQUE (Nord),
église Saint-Antoine.

La partie instrumentale de l'orgue date des XVIIIe et XIXe siècles. Ci-dessus, détail du Positif.

UZÈS (Gard), ancienne cathédrale Saint-Théodorit.
Il est difficile de dater et de savoir à qui attribuer le Grand Orgue d'Uzès. Toutefois, l'admirable équilibre du décor sculpté, de sa peinture blanc et or, et des volets, chargés de protéger et de camoufler la façade à certaines périodes liturgiques, pourrait le situer au tournant des années 1700.
En 1770, il fut totalement reconstruit et la boiserie put alors être agrandie. Ce travail est également impossible à

attribuer avec certitude. Fort délabré au XIXᵉ siècle, il fut restauré entre 1841 et 1843 par Daublaine et Callinet. Il possédait trois claviers/pédalier et quarante-six jeux. Nécessitant une nouvelle restauration, l'orgue fut confié de 1961 à 1964 à Alfred Kern qui, sous la direction d'Alexandre Cellier, œuvra ici dans un esprit classique français, le plus proche possible de l'esthétique initiale. L'orgue comprend aujourd'hui quarante-trois jeux et trois claviers/pédalier.

die d'écrasantes colonnes soutenant sa façade incurvée et une théorie d'immenses statues dont tout le mérite est de masquer les bouches des tuyaux, mais dont l'inconvénient majeur est d'en gêner l'émission sonore ! Il faudra tout le génie de Clicquot, puis, au siècle suivant, celui de Cavaillé-Coll pour faire de ce monstre l'un des meilleurs orgues qui soient.

Le Positif, qui devrait alléger l'ensemble, est surmonté d'une pendule qui ajoute à la monotonie et au manque d'inspiration de l'ensemble.

Si ces bizarreries décoratives dissimulent plutôt qu'elles mettent en valeur les splendeurs sonores, la musique elle-même atteste le déclin irrémédiable de l'instrument et, sans doute, de la mission spirituelle à laquelle il avait été appelé.

Que ce soit Séjan, Balbastre ou Armand-Louis Couperin, pour ne citer que les plus illustres, tous s'adonnent avant tout à la virtuosité. Le public en réclame, et eux, sur leurs superbes machines, ne proposent que des variations à effets ou d'emphatiques symphonies, pour la plupart pompeuses et bruyantes, qui rappellent aux auditeurs les noëls, les chansons de foire ou les airs d'opéra-comique à la mode.

Cependant qu'à la fin de sa vie, à Vienne, Wolfgang Amadeus Mozart compose deux admirables fantaisies en *fa* mineur qu'il aura la tristesse d'entendre exécuter sur un orgue-pendule, sorte de minuscule instrument de foire, ses collègues français s'apprêtent à faire danser sur l'air de *la Carmagnole* un peuple dont le goût musical s'est soudain évanoui.

Le seul mérite de pareils agissements fut de conserver l'orgue dans des cathédrales métamorphosées, au nom de la Liberté, en temples de la Raison.

Ci-contre : ANGOULÊME (Charente), cathédrale Saint-Pierre. Détails.
On connaît l'existence antérieure d'un orgue dans la cathédrale puisqu'en 1606 et 1613 les facteurs Nicolas puis Julien Lefèbvre furent appelés à le réparer. Mais, en 1656, un nouvel instrument est construit par Léonard Lefèbvre. Une première restauration est entreprise par Hippolyte Ducastel en 1727, travail important puisqu'il nécessite une expertise réalisée par François Corde. Au milieu du XVIIIe siècle, l'instrument sera jugé encore insuffisant et un premier devis, pour la construction d'un nouvel orgue, présenté en 1777 par Julien Buron, sera refusé. C'est finalement entre 1780 et 1786 que le nouvel orgue, riche de trente-huit jeux, sera construit par le facteur parisien Simon Viocque. Il passera la Révolution sans dommages et sera restauré en 1825 par Henry, puis par Puget en 1931. C'est finalement en 1965 que l'orgue sera totalement repris par Beuchet-Debierre. De traction entièrement électrique, ayant conservé une partie des anciens tuyaux, il comprend cinquante-cinq jeux et trois claviers/pédalier.

VITRY-LE-FRANÇOIS (Marne), église Notre-Dame.
Nous admirons ici encore un orgue déplacé et finalement adapté à son nouveau lieu d'implantation. L'origine remonte à la seconde moitié du XVIIIe siècle, époque à laquelle il fut construit pour l'abbaye de Trois-Fontaines. Il comprenait trente-cinq jeux, quatre claviers/pédalier et fut même agrandi et enrichi par Jean Richard, facteur à Nancy, en 1788. Ces travaux relativement importants, qui coûtèrent huit mille livres à l'abbaye, consistaient à augmenter l'étendue des claviers vers l'aigu, à ajouter cinq jeux et à « changer le buffet ». De la somme prévue au devis, Richard ne toucha que trois mille livres : le solde lui fut finalement versé en 1792. La même année, la municipalité de Vitry-le-François achetait pour la somme de mille deux cents livres l'orgue de la « ci-devant abbaye » pour l'église Notre-Dame. Les frais de réinstallation et d'édification de la tribune s'élevaient à quatre mille livres. Cochu, aidé de Salmon, se voyait chargé du travail, mais finalement tout fut effectué par Salmon.
Restauré en 1855 par Ducroquet, puis en 1906 par Didier, l'orgue comprenait alors trente-huit jeux sur trois claviers/pédalier, tout en ayant conservé une bonne part de sa tuyauterie d'origine.

IN CHORDIS & ORGA
S.S. PIO IX PAPA
I.R. PLANTIER. BESSON. EPISCOPIS
D. BOISSIN. PAROCHO

RÉVOLUTION ET TRANSITION

La Révolution allait porter un coup terrible à l'orgue d'église. A l'exception de quelques chefs-d'œuvre qui échappèrent à la tourmente ou qui furent revendus pour être conservés dans des paroisses plus calmes, la plupart des instruments furent livrés au pillage. Si la boiserie fut parfois épargnée, le métal, en revanche, fit la fortune des couvreurs, lorsqu'il ne fut pas fondu pour fournir en munitions les soldats de la République.

Après le Concordat, signé le 16 juillet 1801 entre la France et le Vatican, les orgues qui ont survécu sont remis en marche, en dépit de leur sonorité désuète et de leur harmonisation mal établie. En fait, l'absence de main-d'œuvre qualifiée ne fait qu'accroître le désastre. Les grands de la profession ont en effet disparu : Lefebvre et Clicquot sont décédés; Cavaillé, réfugié en Espagne, s'est spécialisé dans le métier à tisser, beaucoup plus rentable. En l'absence des maîtres, ce sont donc des apprentis, voire des amateurs sans formation ou venus d'autres professions, notamment des menuisiers, qui s'essaient à la facture, causant dans certains cas des dommages très graves.

Toutefois, un authentique mouvement de restauration va peu à peu relever l'art des organiers et imposer le nom de quelques constructeurs : les Callinet qui, avec leur associé Somer, puis avec Daublaine, rayonnent depuis l'Alsace jusqu'à Paris et font revivre, souvent avec bonheur, les grands instruments des cathédrales; Pierre Dallery et surtout son fils Louis-Paul; l'Anglais John Abbey; les Cavaillé, enfin, et plus spécialement Dominique Cavaillé-Coll, fils de Jean-Pierre et père d'Aristide, qui associe les techniques de fabrication héritées de sa famille à certains procédés de détail issus de la tradition espagnole. En province, des petits facteurs œuvrent d'une paroisse à l'autre, tel George Luce, originaire de Jersey, qui parcourt alors la Normandie entre Bernay

Sur les deux pages : ALÈS (Gard), ancienne cathédrale Saint-Jean.
Le Grand Orgue de la cathédrale Saint-Jean fut édifié en 1729 par Charles Boisselin. En 1783, Jean-François Lépine le reprit et ajouta le buffet du Positif. Par la même occasion, le facteur modifia une partie du décor. Réparé en 1806 par Dominique Cavaillé, l'instrument fut à nouveau restauré et agrandi (le troisième clavier devenant un récit-expressif) par la maison Puget. Il fut alors entretenu par Léon et Vincent Cavaillé-Coll, cousin et frère du célèbre Aristide. Bossier effectua quelques travaux en 1928. L'orgue fut enfin totalement repris en 1974 par Alain Sals. L'essentiel de la tuyauterie est de Jean-François Lépine. Il comprend vingt-huit jeux et trois claviers/pédalier.

et Lisieux. D'autres noms ont laissé de plus mauvais souvenirs. Véritables escrocs de la profession, les frères Claude, venus de Mirecourt, se firent adjuger par protection politique de nombreux marchés importants.

Les orgues réparés par leurs soins ne firent illusion que peu de temps, et, très vite, on s'aperçut que le passage des frères Claude entraînait à terme la ruine des instruments.

Si, en France, cette période troublée de l'histoire n'a guère été favorable à l'évolution musicale et organistique, il n'en a pas été de même à l'étranger. En Allemagne, les facteurs mettent au point

Sur les deux pages : GUEBWILLER (Haut-Rhin), église Notre-Dame. *Le grand buffet de Guebwiller est relativement simple avec l'alternance des trois et quatre tourelles au Positif et au Grand Orgue. Il fut terminé à la fin du XVIIIe siècle, alors que s'achevait l'église à l'architecture quelque peu austère. C'est Rabiny qui le réalisa en 1785 pour la somme de 23 500 livres. L'orgue comprenait quatre claviers/pédalier et quarante-six jeux.*
En 1908, utilisant une petite partie de la tuyauterie ancienne (dont vraisemblablement la montre), Mutin plaça un orgue neuf dans les buffets de Rabiny. En 1917, la montre d'étain fut réquisitionnée.
Elle a depuis été remplacée, ce qui explique l'aspect un peu clinquant de cette façade.

SAINT-MAXIMIN-LA-SAINTE-BAUME (Var), église.
L'orgue de cet ancien couvent dominicain est l'un des plus remarquables conservés en France. Édifié par le frère dominicain Jean-Esprit Isnard et son neveu Joseph pour remplir une immense église, il comprend des jeux d'anches qui forment ici le tiers des jeux. La particularité de cet ensemble, articulé sur quatre claviers, est que la Pédale n'a pas de jeux spécifiques. C'est le troisième clavier manuel, dit de

« résonance », qui comporte des registres jouables soit sur la Pédale, soit de manière autonome, ou enfin accouplés sur le deuxième clavier, dit de « Grand Orgue ». Préservé de toute transformation, sauf les claviers (pédalier et mécanique), l'instrument a été l'objet d'une restauration exemplaire effectuée en 1954 par Pierre Chéron. La partie mécanique doit bientôt être reprise. Tel quel, cet orgue est le plus parfait exemple de la facture et des sonorités de l'art français du XVIIIe siècle.

des tuyaux capables d'émettre des sonorités comparables à celles des instruments à vent.

En Italie, l'orgue conserve ses jeux traditionnels, mais on leur adjoint des accessoires inspirés des fanfares de plein air tels que : clochettes, cymbales, tambour, grosse caisse. Puis, peu à peu, cette mode se propagea jusqu'en Corse et dans le comté de Nice, et des devis de fabrication montrent même que certains orgues parisiens, par exemple les tout premiers projets conçus par Aristide Cavaillé-Coll pour l'orgue de Saint-Denis, devaient subir le même type de transformations.

Malgré la longue histoire de l'orgue et les transformations incessantes dont il a fait l'objet, il apparaît qu'en ce XIXe siècle naissant l'intensité et la coloration de cet instrument masquent toujours une faiblesse essentielle : le toucher, qui commande à l'univers sonore, ne peut transmettre les nuances et la subtilité d'une

Sur les deux pages : PARIS, église Saint-Roch.
Entrepris par Lesclop en 1750 et complété par François-Henri Clicquot en 1770, l'orgue de Saint-Roch fut joué par Balbastre au XVIIIe *siècle. Le buffet est du plus pur style rocaille, avec accumulation de décors. Tout se dispose en effet dans un jeu d'obliques se contrariant volontairement (alignement des façades et de la tribune, ondulation de la frise, accentuation des lignes de bouches des tuyaux), auquel s'ajoute la véhémence des sculptures. Épargné au début de la Révolution, l'orgue faillit périr en vendémiaire de l'an IV, lorsque des soldats de Bonaparte enlevèrent des tuyaux pour en faire des balles et... des cuillers. Pierre, puis François Dallery se chargèrent de restaurer l'instrument. Cavaillé-Coll devait reprendre l'ensemble en 1842, tout en conservant une partie du matériel ancien. En 1927, Gutschenritter y effectua le dernier travail important. L'orgue comprend quatre claviers/pédalier et cinquante-cinq jeux. Pierre Cochereau fut l'organiste de Saint-Roch jusqu'à sa nomination à Notre-Dame de Paris en 1955.*

interprétation que par la combinaison des registres. Aussi, dans la plupart des pays européens, les recherches vont-elles tendre peu à peu à identifier l'orgue à d'autres instruments à clavier, le clavecin notamment et surtout le pianoforte, dont le caractère beaucoup plus expressif annonce la sensibilité musicale propre à la période romantique.

Les organiers français de la Restauration avaient d'abord repris les techniques qui avaient prévalu à l'aube de la période révolutionnaire, perpétuant ainsi les plans sonores traditionnels : même dans des instruments de dimensions restreintes, on retrouve un plénum, un Grand Jeu et un cornet, à quoi viennent s'ajouter une viole ou une gambe, comme dans les grands Riepp allemands de la fin du XVIIIe siècle.

POITIERS (Vienne), cathédrale Saint-Pierre.
Cet orgue est sans doute, sur le plan instrumental, l'un des plus beaux de France. La cathédrale posséda un premier orgue qui fut détruit en 1562 pendant les guerres de Religion par les huguenots. On reconstruisit un nouvel instrument qui brûla le jour de Noël 1681. C'est un siècle plus tard, en 1787, que le chapitre passa un marché avec François-Henry Clicquot pour édifier l'orgue actuel. Par manque de moyens financiers ou de volonté, l'instrument traversa les XIXe et XXe siècles sans autres interventions que des soins d'entretien, tout projet de transformation romantique ayant été refusé. Le seul legs négatif du XIXe siècle est d'avoir mis la tuyauterie au tempérament égal. L'orgue relevé il y a moins de dix ans par Jean-Loup Boisseau est dans un état superbe. Il compte quarante-deux jeux et quatre claviers/pédalier.

AIX-EN-PROVENCE (Bouches-du-Rhône), cathédrale Saint-Sauveur. Détails.

Il est assez fréquent, en Provence, que l'orgue soit disposé latéralement, dans une tribune au-dessus du chœur. En outre, par souci d'équilibre, il arrive que l'on dispose en face une fausse façade de manière à lui faire pendant. C'est ce qui se fit dans la cathédrale Saint-Sauveur d'Aix-en-Provence. On commanda à Jean-Esprit Isnard non seulement l'orgue (à gauche du chœur), mais aussi la façade en pendant, offerte par une généreuse donatrice. L'instrument réel ne possède pas de Positif de dos.

En 1854, Ducroquet se vit commander un orgue neuf qu'il disposa dans le buffet d'Isnard dont la tuyauterie fut transportée à Saint-Trophime d'Arles. L'instrument de Ducroquet comprend trois claviers/pédalier et trente-huit jeux, dont ceux du récit sont, bien sûr, enfermés dans une boîte expressive.

En 1880, Cavaillé-Coll effectua une importante réparation et changea cinq jeux en même temps qu'il réharmonisa le tout. Enfin en 1915, Merklin augmenta l'étendue du pédalier et remplaça un jeu du récit. Une nouvelle restauration fut effectuée en 1972 par Dunand, axée sur l'orgue Ducroquet-Cavaillé-Coll. On a ravivé la superbe polychromie vert et or des deux buffets. L'instrument comprend trente-huit jeux, dont trois seulement sont neufs, et trois claviers/pédalier.

Sur les deux pages : SAINT-GUILHEM-LE-DÉSERT (Hérault), ancienne abbaye de Gellone.
Détails de l'orgue construit en 1789 par Jean-Pierre Cavaillé, très certainement en remplacement d'un instrument plus ancien.
L'orgue de Saint-Guilhem-le-Désert fut, du fait des circonstances historiques singulièrement fâcheuses, installé avant son achèvement par le facteur aidé de l'organiste local Laffont. Il comprenait dix-huit jeux sur les vingt-sept prévus, et, si la console présentait bien trois claviers/pédalier, le premier (Positif) était muet et des trous correspondaient à des jeux à venir. L'orgue était construit avec ses deux buffets, mais le Positif de dos était vide. Le facteur ne reçut que mille cinq cent livres sur les trois mille prévues à l'achèvement. Les moines furent chassés et l'orgue n'aurait été sauvé que grâce à l'organiste Laffont qui y interpréta quelques hymnes révolutionnaires. L'instrument devait être transporté à Montpellier, mais il fut encore sauvé par Laffont, qui falsifia le document en changeant le nom de Saint-Guilhem en Saint-Thibéry.
Finalement, par oubli et manque de moyens, le bel orgue de Cavaillé resta en place inachevé. Il fut restauré en 1866 par Puget, puis à nouveau oublié. Suite à l'intervention de Félix Raugel, musicologue passionné des vieux instruments, il fut remis en état de marche en 1941 par les soins de Maurice Puget.
Finalement c'est par deux fois qu'Alain Sals a ici œuvré non seulement pour ressusciter mais aussi pour achever ce bel orgue à l'existence mouvementée.

Tandis que se produisait cette lente renaissance, sous l'influence de ce qui avait été réalisé en Allemagne ou en Suisse, une tendance nettement plus radicale se faisait jour avec des constructeurs formés à d'autres écoles que celle de la facture d'orgues. C'est ainsi que Grenié ou Sébastien Erard poursuivent leurs travaux en vue d'un instrument proche du piano et de l'orchestre romantique. Grenié prône l'abandon du tuyau en faveur de anches libres, annonçant ainsi l'harmonium. De son côté, Erard utilise la boîte expressive avec ses volets mobiles pour isoler certains jeux et introduit le toucher nuancé afin de créer des variations d'intensité auxquelles l'orgue traditionnel est impropre.

Le goût du public pour le piano et l'opéra romantique va entraîner d'importantes évolutions. Le piano ouvre en effet une ère de virtuosité, tandis que l'opéra fait entrer dans les églises son catalogue d'effets qui, pour ne pas être toujours du meilleur goût, n'en ont pas moins un certain charme. L'orgue veut se faire désormais l'interprète des émotions véhiculées par l'opéra romantique, telles que le sentiment de la nature ou la passion, par l'emploi des accessoires, comme on peut le constater dans les partitions de Lefébure-Wély.

Dans les nouvelles églises, « basiliques romaines » ou « temples » conçus sous l'Empire et parfois achevés seulement sous le règne de Louis-Philippe, le décor de l'orgue est adapté au goût nouveau. Le dessin en est généralement sobre et discret. Souvent, le Positif disparaît, comme à la chapelle de la Sorbonne ou à l'église Notre-Dame-de-Lorette, à Paris, où la montre est un simple triptyque de plates-faces semblables, encadrées d'une boiserie à peine ornée de colonnes et de pilastres.

En Alsace, les Callinet conservent parfois le petit buffet, mais souvent l'ensemble se compose de deux armoires superposées, comme à Hirtzbach.

Avec ce véritable orgue-orchestre, où la technique, enfin maîtrisée, permet à l'organiste d'église d'égaler le pianiste virtuose de salles de concerts ou le chef des grandes formations symphoniques, la façade n'a plus qu'une fonction décorative : le Positif est bientôt totalement éliminé, et la console isolée.

Dans le plus beau, peut-être, des buffets romantiques, celui de Saint-Denis, où le style néogothique atteint au grandiose, le Positif disparaît derrière des fenestrages disposés de part et d'autre de la console. Grâce à de longues recherches, Aristide Cavaillé-Coll a sans doute conçu là le dernier orgue baroque français.

La structure extérieure de l'instrument, manifestement romantique, abrite en effet l'ultime machinerie d'un univers sonore issu du XVIIe siècle, alors que la technique de la machine Baker, destinée à compenser l'action des claviers, l'harmonie de certains jeux et la puissance fantastique d'un tutti colossal, est en train de préparer l'avènement de l'orgue symphonique.

C'est d'ailleurs Aristide Cavaillé-Coll lui-même qui, en 1846, inaugure en l'église de la Madeleine, à Paris, le premier grand ensemble du nouveau style. Avec cet instrument, la rupture avec l'orgue de transition et le vieil orgue baroque français est consommée. Il faudra attendre le milieu du XXe siècle pour assister à leur réhabilitation nostalgique.

LE TEMPS DE LA CARMAGNOLE

Fontenelle écrivait au début du XVIIIe siècle :

> Et la musique doit, ainsi que la peinture,
> Retracer à nos sens le vrai de la nature.

En écrivant ces quelques mots, il a créé sans le savoir un malentendu qui allait marquer l'art musical jusqu'au XIXe siècle. Dans

l'esprit du philosophe, la musique relevait assurément d'un « naturel » de caractère humaniste et devait viser à une sorte de peinture « morale ».

Cependant, la seconde moitié du siècle des Lumières va être le théâtre d'une révolution considérable.

Dans un souci d'approfondissement du phénomène musical, une activité théorique se développe, que l'on peut faire remonter à la publication, dès 1722, du *Traité de l'harmonie réduite à ces principes naturels* de Jean-Philippe Rameau et qui va imposer le carcan du système tonal. Mais lorsque ce carcan devient une fin en soi, lorsque le compositeur n'est pas touché par le génie d'un Mozart, d'un Haydn ou d'un Beethoven, cela signifie que la machine musicale tourne à vide.

A cet art plus systématique et aussi plus rassurant, car fondé sur des certitudes réellement scientifiques, s'ajoute un phénomène qui, quoique indépendant de la composition musicale proprement dite, ne va pas moins influencer son évolution. Le XVIIIe siècle musical s'adresse en effet à un public intelligent, brillant et cultivé, certes, et qui, pour une large part, a servi l'émancipation du moment, mais qui applaudit d'abord aux exploits des virtuoses et dont la sensibilité est moins portée aux subtilités métaphysiques qu'aux démonstrations de savoir-faire. L'époque est avant tout attentive à la recherche de l'effet, à l'expérimentation de nouvelles techniques, à la mise au point de mécanismes de plus en plus perfectionnés.

Page précédente et page de droite : OTTMARSHEIM (Haut-Rhin), église Saint-Pierre-Saint-Paul.
L'orgue d'Ottmarsheim, difficilement visible, a été remonté en 1794 par Stephan Flum. Le clavier de Grand Orgue et celui de Pédale, avec leur tuyauterie, provenaient d'un instrument construit à Lucelle en 1728 par Waltrin et Rohrer. Pour placer cet ensemble dans la tribune d'Ottmarsheim, Flum n'hésita pas à mutiler gravement la boiserie, conçue pour un plus modeste instrument. Il faut croire que Flum était un mauvais facteur car, en 1805, l'instrument était inutilisable et il dut être refait par Nikolaus Schuble en 1808, lequel ajouta un Positif. Pendant la guerre de 1914, l'autorité militaire ne réquisitionna pas la montre, en raison « de son antiquité et de sa bonne qualité ». Réparé par Berger en 1894 et en 1935, puis par Schwenkedel en 1954, l'orgue fut totalement refait par Kern en 1981. On notera la signature de Waltrin (1726) sur l'écusson d'un des tuyaux de façade.
L'orgue comprend vingt-six jeux sur deux claviers/pédalier. Sa tuyauterie est en grande partie ancienne, d'autant plus que Kern a pu utiliser ici d'anciens tuyaux de Silbermann provenant de Saint-Nicolas de Strasbourg. Aujourd'hui, la boiserie a retrouvé l'allure qu'elle pouvait avoir au XVIIIe siècle puisque le Positif de dos du XIXe a disparu.
L'architecture, superbe, de l'église romane cache malheureusement en grande partie la façade de l'orgue.

Jamais les timbres de l'orgue n'ont été aussi somptueux. Les Clicquot, Moucherel, Riepp, Silbermann, Lefèbvre, Isnard, Cavaillé rivalisent de génie inventif pour fabriquer des orgues d'une qualité musicale telle que le simple fait de plaquer un accord parfait de *do* majeur suffit à transporter l'auditeur, tandis que dans les lieux de culte, les organistes satisfont au goût du public populaire en sacrifiant au répertoire à la mode.

Quand la Terreur effacera les symboles religieux et brûlera sur les parvis les attributs de la royauté et le mobilier des églises, les organistes, entraînés dans les festivités révolutionnaires, s'efforceront de prouver l'utilité de leur instrument.

Dans cette atmosphère préromantique qui va jusqu'à la Restauration, et devant un public qui accueillera bientôt avec enthousiasme les colorations musicales d'un Berlioz, le vieil instrument menacé de désuétude tente de jouer la carte de l'épopée. Et, appliquant à contresens l'idée de Fontenelle, le musicien s'obstine à utiliser ses claviers et ses jeux à la manière d'un David ou d'un Gros en peinture, ce qui a au moins pour résultat heureux d'empêcher l'orgue de disparaître complètement de l'horizon musical français, à une époque où le clavecin, lui, est en train de céder la place au pianoforte.

Mais ne nous y trompons pas. Tous les germes de l'art romantique sont dans ces pages naïves qui faisaient trembler d'émotion les soldats de l'an II et qui, aujourd'hui, finissent par nous attendrir. Et dans le sillage de ces pauvres musiciens qui, tel le fameux Balbastre, organiste de Marie-Antoinette, titulaire de la tribune de Notre-Dame de Paris, plaquaient des « ça-ira » sur le bel orgue qu'ils tremblaient de voir démoli par les bandes de sans-culottes, se profilent déjà les grandes silhouettes de Hector Berlioz, de Franz Liszt ou de Richard Wagner.

L'art musical de l'époque, art de circonstance et expression de la sensibilité d'un moment, est sans doute le témoignage d'un douloureux enfantement. Par-delà le carcan du langage et la raideur structurelle de son harmonie, c'est toute l'ébauche du poème symphonique qui se dessine dans « ces mélodrames révolutionnaires » où Margot a tant pleuré.

Alors que Mozart s'éteint en Autriche et que Beethoven publie ses premières sonates pour piano, un nombre impressionnant de compositeurs commencent à s'interroger sur le contenu et la finalité du phénomène musical.

On hésite toutefois à remettre en question un langage issu des vieux livres d'orgue du temps de Louis XIV. Parfois, on s'essaie à un retour à l'écriture polyphonique, ou, mieux, on écrit avec virtuosité et pittoresque des variations sur un thème populaire, mais, surtout, on affirme une conviction politique sous une forme de peinture musicale qui ne dure que ce que durent les régimes qui se succèdent.

Si l'aventure révolutionnaire suscite variations et coups de canon, la Restauration et le retour de Louis XVIII, quant à eux, trouvent leur consécration symbolique dans une œuvre signée d'un des derniers représentants de la famille Couperin, Gervais-François Couperin. On pourrait croire qu'ainsi se trouvait définitivement clos le vaste cycle musical commencé au XVIIe siècle entre Paris et Versailles.

En réalité, Gervais-François Couperin faisait beaucoup mieux que saluer, du haut de la tribune de l'église Saint-Gervais, le retour d'exil du roi podagre, il ouvrait la voie à un univers musical qui, au-delà de l'orgue, allait bientôt submerger toute la musique romantique.

Quant à ceux qui l'avaient entouré, Jacques-Marie Beauvarlet-Charpentier ou Séjan notamment, ils avaient touché à des abîmes de flagornerie musicale et d'indigence d'inspiration : ces fanfares, ces batailles où chaque coup de canon est évoqué par un bruit terrible de l'orgue, ces odes successivement dédiées à l'Être suprême, au Premier consul, à l'Empereur puis au roi Louis XVIII, attestent de façon plus qu'évidente que l'orgue avait peut-être alors cessé de participer véritablement à l'histoire musicale du temps et qu'il était provisoirement devenu un élément purement anecdotique dans un monde en proie aux plus extraordinaires bouleversements.

AURILLAC (Cantal), orgue Rabiny. Détail.
Signature du facteur sur la bouche d'un tuyau de montre : « Josephus Rabiny Germania Oriundus Divioni Commorans Fecit. »

OCTAVE 4
BOMBARDE 16
CLAIRON HARM 4
SESQUIALTERA
CROMORNE 8
TROMPETTE 8
CLAIRON 4
DOUBLETTE 2
CYMBALE 4 rangs
CORNET 7 rangs
BOMBARDE 16
TROMPETTE 8
POSITIF
RÉCIT
PÉDALE

L'orgue de Cavaillé-Coll et de César Franck

Tel un héros de Jules Verne, l'ingénieur Cavaillé-Coll exalte la démesure de l'orgue au faîte de sa gloire. Au clavier de son impérieux instrument, le virtuose fait office de démiurge pour une société optimiste et pour une Église qui célèbre la « messe en musique ». C'est la naissance de la jeune école française, alors que l'on redécouvre le vaste répertoire classique, français et étranger. Tandis que l'électricité ouvre une ère nouvelle à la diffusion de l'instrument, l'organiste devient un soliste à l'égal des plus grands, et le concert, un spectacle en vogue.

L'ORGUE SYMPHONIQUE

En 1846, l'orgue de Cavaillé-Coll est inauguré en l'église de la Madeleine. S'il est un lieu qui peut porter témoignage de la réelle transformation opérée en France par un facteur inspiré, c'est bien ici, en cette église où le Grand Orgue semble moins destiné à mettre en évidence sa stricte fonction musicale qu'à participer d'une architecture et d'une mise en scène cultuelle. Devant le buffet plat, la tribune ajourée est occupée par la console. L'organiste est dégagé, presque détaché de l'instrument, comme l'est son confrère pianiste en concert sur le devant de l'estrade. La grande boiserie dorée, à l'exemple des décors italiens, évoque davantage un univers

---

Page de gauche : LE DORAT (Haute-Vienne), église.
Cet orgue fut construit en 1876 par Cavaillé-Coll. De taille assez restreinte pour l'église (il est au fond un Grand Orgue de chœur), il comprend deux claviers/pédalier et vingt-sept jeux. On notera sur la partie antérieure de la console la signature-blason que Cavaillé-Coll s'était dessinée pour cet orgue. La fleur de lys lui avait-elle été inspirée après ses travaux à Notre-Dame de Paris puis à la Chapelle de Versailles?
A droite : TROUVILLE (Calvados), église haute. Détail.
Intérieur du Grand Orgue de Cavaillé-Coll.

Page d'ouverture : TOULOUSE (Haute-Garonne), abbatiale Saint-Sernin.
Considéré habituellement comme l'un des prototypes de l'orgue symphonique, l'instrument qui orne la nef romane de Saint-Sernin de Toulouse a derrière lui une longue histoire. Un ancien instrument ornait déjà l'abbatiale au XVIIe siècle, mais, hors d'usage, il fut démoli en 1668. Un incendie dans le chœur la même année et les travaux de réfection nécessaires retardèrent la construction d'un nouvel orgue. Le problème se posa de façon d'autant plus complexe que l'abbé et les moines hésitaient quant à l'emplacement de la tribune. En 1672, on envisage de passer ▷

d'opéra, alors que, dans l'écrin néogothique de l'orgue de la basilique de Saint-Denis, et malgré la disparition du Positif, les dispositions des tourelles procédaient encore d'un certain classicisme. Sur le plan sonore, la métamorphose est aussi complète. L'orgue est disposé en quatre claviers manuels : Grand Orgue, Positif, bombarde, récit expressif, tous de cinquante-quatre notes, auxquels s'ajoute le pédalier. L'unique plein-jeu, pour soutenir le plénum, occupe le Grand Clavier, alors que le Positif conserve de lointains rapports avec les structures classiques. L'œuvre de Cavaillé-Coll témoigne d'une certaine continuité, puisque l'on retrouve ici, comme à Saint-Denis, l'accumulation des masses réparties par clavier. Peu à peu, la rondeur des fonds de huit pieds, la fantastique variété des flûtes et la nouvelle puissance des anches occupent tout l'instrument.

L'utilisation de la machine Baker, les pédales de combinaisons, certes rudimentaires mais bien réparties, permettent une entière souplesse du jeu dans tous les effets, qui vont cette fois du pianissimo au fortissimo, rappelant en cela les nuances de l'orchestre. Le toucher de cette console, « vitrine pour virtuose », provoque

(suite de la page 173).
commande au facteur Robert Delaunay, en même temps que l'on décide d'édifier une tribune en pierre au fond occidental de la nef. Ce travail est dirigé par Arthur Legoust, cependant que Pierre Legoust, son gendre Pierre Albès et un menuisier de Dinard construisent le buffet. L'orgue est enfin commandé en 1674, il comprendra quatre claviers/pédalier et quarante-quatre jeux.
En 1734, le facteur Pierre Montbrun vient restaurer l'orgue; ces travaux sont insuffisants, et, en 1750, l'organiste, Jean Bégué, effectue pour deux mille livres de travaux. Ce travail lui est confié de préférence à Lépine qui, pressenti, avait proposé un devis jugé excessif. En 1787, de nouveaux besoins de réparations se font ressentir, mais, faute de moyens, les chanoines en retardent l'exécution.
Face à Saint-Sernin, sur la place de l'église, habitent au début du XIXe siècle deux grands facteurs, tous deux retraités, Grégoire Rabiny et Micot. Rabiny, âgé de quatre-vingts ans, propose sans succès ses services. Cependant que l'on s'apprête à restaurer l'édifice, en 1842, Auguste Zeiger soumet un devis, mais, faute de ressources, la décision traîne et, finalement, en 1845, l'orgue sera remis en état par Daublaine et Callinet, et les travaux inaugurés par Lefébure-Wély. La restauration de l'église se poursuit sous la direction de Viollet-le-Duc et, en 1887, on songe de nouveau à l'orgue. Celui-ci est confié à Cavaillé-Coll qui, tout en conservant une bonne partie de la tuyauterie, refait quasiment un orgue neuf, l'harmonie étant réalisée par Félix Reinburg. L'instrument comprend cinquante-quatre jeux et trois claviers/pédalier. Il sera inauguré en 1889 par Alexandre Guilmant. Depuis, l'ensemble est bien entretenu.
On notera le passage de Puget en 1969, celui de Beuchet-Debierre, et de Robert Boisseau en 1971-1972. L'orgue possède aujourd'hui cinquante-sept jeux, dont sept ne sont pas de Cavaillé-Coll.

Ci-dessus et page de gauche : SOSPEL (Alpes-Maritimes), église Saint-Michel. Détail.
Daté de 1843, cet orgue fut construit dans un style italien par les frères Agati, facteurs à Pistoia. Leur plan original fut cependant revu, lors d'une restauration en 1891, par le facteur Vittino de Cuneo. Quelques travaux furent effectués en 1912 par Vittino encore, puis, en 1937, par Jean Kant, un facteur qui avait passablement détruit l'orgue de Villefranche-sur-Mer mais qui ici s'est limité au moindre mal.
Une expertise en vue de la restauration complète a été entreprise en 1976 par Philippe Hartmann. L'orgue, de type italien, comprend un seul clavier avec division des registres en jeux de ripieno et jeux de concert. Des cloches forment un accessoire supplémentaire.

une sorte de plaisir sensuel à pétrir la matière sonore, qui semble déjà annoncer l'univers vigoureux des grands ensembles de cordes de l'orchestre de la fin du siècle.

Grâce à cette métamorphose qui va peu à peu gagner toute la France avec Aristide Cavaillé-Coll, Merklin, Daublaine et Callinet, ou des facteurs moindres comme les Stolz, Wenner ou Didier,

RIVESALTES (Pyrénées-Orientales), église Saint-André.
Cet orgue a été construit en 1824 par les frères Grinda. Tant par le style de la boiserie que par la facture, l'œuvre de ces organiers est typique des instruments catalans de la période classique.
L'orgue a été repris en 1924 par Puget. On remarquera l'identité totale du décor avec celui de l'orgue de l'Escarène, dans les Alpes-Maritimes, construit en 1791 par les mêmes facteurs.

l'orgue nouveau s'impose à l'Église comme à l'esprit de toute une société. La littérature de l'époque se plaît à évoquer les possibilités monstrueuses de l'instrument, son aspect terrifiant, la volonté de puissance qui inspire l'interprète, virtuose hors mesure. Si le Bel-Ami de Maupassant voit sa réussite enfin couronnée, c'est à la Madeleine que l'orgue répondra à son appétit de gloire. Pour George Sand, qui écoute Franz Liszt en Suisse, l'orgue de Fribourg relève de la sorcellerie, de l'envoûtement. Quant à Jules Verne, il fait entrer la science dans le fantastique : aucun lecteur n'a oublié le capitaine Némo à son orgue dans le *Nautilus*. Or ce personnage, lui aussi démesuré, ingénieur, amateur d'art et fanatique exécutant d'une cause monstrueuse, est un peu le reflet du facteur d'orgues lui-même.

Aristide Cavaillé-Coll est ingénieur et artiste. Il résout en mathématicien, en physicien, les problèmes mécaniques et sonores sans pour autant faire taire ses sentiments poétiques. Ses plus belles réussites, Notre-Dame de Paris, Saint-Sulpice, Caen, Rouen, Toulouse, participent à la fois d'une recherche rigoureuse et d'une exaltation religieuse liant l'orgue au monument qui le contient. Ses songes vont toujours plus loin, et il projettera un orgue géant – jamais réalisé – pour Saint-Pierre de Rome. Afin de remplir l'espace sonore de l'immense église, il avait envisagé des solutions acoustiques qui sont encore parfaitement logiques.

On peut alors s'inquiéter de pareilles réalisations, où la rigueur scientifique est mise au service d'un instrument de musique à finalité idéologique. L'orgue, à l'église, tient la place de l'orchestre. A Bayreuth, discute-t-on Wagner? On adhère ou l'on hait, on ne peut nier l'évidence de l'œuvre créée.

L'orgue symphonique sert l'Église, garant d'un ordre établi, et l'on assiste davantage à une « messe en musique », à une prestation de virtuose, qu'à un culte, vecteur d'un échange intime et spirituel entre le Créateur et sa créature. L'homme, ici, subit, et la musique recouvre les paroles sacrées. Le compositeur, enfin,

GAILLAC (Tarn), église Saint-Michel. Console.
L'instrument fut construit par Salvy en 1684. A partir de 1755, il est entretenu par des membres de la dynastie des Cavaillé, établis à Gaillac. Après la Révolution, l'orgue est repris par Dominique Cavaillé-Coll qui, en 1824, le restaure complètement en édifiant un nouveau buffet. Réparé en 1842 par Daublaine et Callinet, entretenu ensuite par Puget, l'orgue a été considérablement restauré par Boisseau en 1972-1973. Curieusement, ce buffet néogothique paraît conserver une structure classique, mais le Positif est ici collé au massif du Grand Orgue et la console est à l'arrière du grand buffet. Quant à la chamade, visible aujourd'hui, elle date de 1973. L'instrument comprend trois claviers/pédalier et trente-huit jeux.

confond messe et concert, et propose à l'assistance des symphonies plutôt que des cantiques.

Du même coup, l'orgue, qui gagne encore en puissance, en somptuosité sonore, s'embourgeoise et va quitter l'église pour le salon ou la salle de concerts. Quand s'achève le Trocadéro, Cavaillé-Coll y installe un orgue prévu pour Notre-Dame d'Auteuil. Pour ne pas prêter à confusion, un buste de la République couronnera la console, mais la musique qu'on y interprétera sera la même qu'à l'église.

Si, dans ses travaux, le facteur de la seconde moitié du XIXe siècle utilise souvent les buffets conçus au XVIIe et surtout au XVIIIe siècle par ses devanciers, il leur fait subir des transformations, adapte certains éléments, en retranche d'autres. A Saint-Sulpice, le Positif est vidé par Cavaillé-Coll pour y placer la console géante. Mais il serait injuste d'oublier les nombreuses adaptations où ce plan sonore est respecté.

Par contre, sur les buffets des nouveaux instruments, on peut remarquer la généralisation d'un style éclectique. Dans toute l'Europe, pour les orgues de petites dimensions, on propose une multitude de modèles de styles byzantin, roman ou gothique conformes au derniers cris de l'architecture « néo ». Quand il s'agit de réaliser des instruments nouveaux comme à Saint-François-de-Sales à Lyon, à Amsterdam ou à Sheffield, Cavaillé-Coll crée un style qui rappelle celui de l'architecte Garnier. Il travaille avec le décorateur Simil, qui dessine de belles façades à deux ou quatre tourelles surmontées d'un « werk » en guise de buffet supérieur. Avec ses pâtes un peu grasses et ses sculptures épaisses, le décor, très soigné, évoque irrésistiblement les façades ou les salles d'opéra. A l'avant, la console d'une facture de grande qualité, à l'ébénisterie plus ou moins sculptée, s'ouvre et laisse apparaître un écrin précieux, enchâssant les claviers d'ivoire et d'ébène, les tirants de jeux, les panneaux de bois exotiques.

Sur les deux pages : TENDE (Alpes-Maritimes), église Notre-Dame-de-l'Assomption. *Décidée en 1805 en remplacement d'un vieil instrument, la construction de cet orgue par les facteurs italiens Serassi fut terminée dès 1807. En 1816 et en 1862, les Serassi puis leurs successeurs opèrent quelques travaux. En 1881, les frères Vittino ajoutent quelques notes. C'est en 1950 qu'un ventilateur électrique est mis en place pour remplacer le souffleur; mais ce travail fut si bien mené que c'est seulement en 1971, lors d'un dépoussiérage effectué par Philippe Hartmann, que le nouveau système fut utilisable.*
En excellent état, cet orgue italien comprend sur un clavier des jeux de ripieno et des jeux de concert.
On notera, en outre, la présence d'accessoires liés au répertoire de la fin du XIXe siècle, avec un jeu de clochettes, une timbale et une banda militare!

IN CORDIS ORGANO
LAVDATE DEV
MDCLXXIII

Pages 180-182 : PARIS, cathédrale Notre-Dame.
Il est difficile de savoir quand a été placé pour la première fois un orgue sous ses voûtes. Est-ce à la fin du XIIIe siècle ou au début du XIVe que l'on a disposé, en nid d'hirondelle ou sur une tribune, à la croisée du transept, le premier instrument important? Cet orgue fut remplacé en 1403 par un autre, neuf, offert par le duc de Berry et situé sur une tribune de pierre au revers de la façade occidentale. Comme aujourd'hui encore à Strasbourg, on pouvait y admirer un soleil qui tournait et un petit homme qui jouait.
En 1609, le chapitre s'adressa à l'un des meilleurs facteurs de son temps, Valéran de Héman, pour reprendre totalement le vieil instrument sans pour autant le remplacer. C'est lui qui supprima les automates et qui, surtout, agrandit l'orgue en lui donnant une structure classique : il ajouta un Positif, petit buffet à trois tourelles couronnées de statues de la Vierge et de deux anges. En 1618, Valéran de Héman fut rappelé pour augmenter le Grand Orgue et déplacer le Positif au bord de la tribune. On doit noter cependant que l'on ne trouve pas encore de pédalier indépendant. Celui-ci sera installé en 1646, alors qu'en 1630 on avait ajouté un troisième clavier manuel. En 1659, enfin, Jacques Carouge opéra un relevage général et posa un quatrième clavier d'écho.
Le chapitre de Notre-Dame réussira à maintenir jusqu'au XVIIIe siècle un orgue, dont une partie remonte au XVe siècle. Néanmoins, le goût change, et la splendeur de la liturgie, ▷

(suite de la page 181)
l'attirance pour le décor rocaille imposent une solution radicale. Aussi, de 1730 à 1733, François Thierry, facteur d'orgues du roi, construit, tout en réutilisant une partie de la tuyauterie, un orgue neuf dont nous admirons encore la silhouette et une certaine quantité d'éléments sonores. Il s'agit cette fois d'un instrument gigantesque de cinq claviers/pédalier, riche de quarante-six jeux et d'autant plus magnifique qu'il resplendit d'une polychromie blanc et or, hélas! aujourd'hui cachée par un affreux barbouillage couleur chocolat très XIXe siècle! Il n'eut pas besoin d'interventions avant 1784. C'est alors qu'on eut recours à François Henri Clicquot qui augmenta la soufflerie, refit les blocs des claviers et renouvela totalement le Positif, dont le buffet fut conçu dans une esthétique plus stricte, de style Louis XVI. Le Grand Orgue sera surélevé, et sur les côtés seront dressés des rinceaux sculptés en motif de rocaille. A la Révolution, quelques symboles furent supprimés sur la boiserie, mais l'orgue fut maintenu parce que la cathédrale était utilisée pour les fêtes révolutionnaires et le culte à la déesse Raison! L'orgue est ensuite entretenu par les Dallery. Louis-Paul Dallery, en 1838, refait la soufflerie et allonge les claviers. Sous le second Empire, la restauration de l'église est entreprise et confiée à Viollet-le-Duc, qui veut redonner un aspect plus médiéval à l'édifice. Il demande à Cavaillé-Coll de refaire l'orgue, mais hésite quant à la disposition à donner au buffet et à la tribune. Mécontent de l'aspect trop XVIIIe de la boiserie, Viollet-le-Duc supprime le Positif et refait la tribune. On trouve cinq claviers/pédalier et quatre-vingt-six jeux. Très habilement, Cavaillé-Coll a disposé une série d'harmoniques de façon à remplir l'édifice, jouant de sa tuyauterie comme le fondeur de cloches, dont les résonances arrivent à couvrir l'espace.
L'inauguration a lieu le 8 mars 1868; l'orgue est joué par César Franck, Saint-Saëns, Loret, Chauvet, Guilmant et Widor. Un mois plus tard, Anton Bruckner y donne un concert mémorable. Malheureusement, le titulaire n'est pas à la hauteur de l'instrument et il faudra attendre 1900, avec la nomination de Louis Vierne, pour que l'orgue trouve l'éclat et la renommée qu'il mérite. Vierne demeurera titulaire jusqu'en 1937. Léonce de Saint-Martin succède à Louis Vierne et, à sa mort, en 1954, Pierre Cochereau est nommé titulaire. L'orgue est devenu vétuste et le nouvel organiste désire voir effectuer de nouvelles transformations. Non seulement il souhaite électrifier tirages de notes et de jeux, ce qui implique la construction d'une nouvelle console, mais aussi revenir davantage à l'esprit de l'orgue classique de Thierry et de Clicquot, dont une bonne part de la tuyauterie demeure. Les travaux sont entrepris par Jean Hermann qui signe la console en 1963. Des jeux sont ajoutés et, quand Boisseau, en 1965, remplace Hermann qui vient de mourir, on transforme le clavier du Positif et l'on ajoute des chamades. A la fin de ces divers travaux, l'orgue est porté à cent treize jeux et, bien sûr, on conserve ses cinq claviers/pédalier. Pierre Cochereau meurt brusquement en 1984. Reprenant la tradition de l'Ancien Régime, le chapitre de la cathédrale décide de nommer quatre titulaires qui tournent « par quartier ». En 1985 sont organistes de Notre-Dame, à la suite d'un concours : Yves Devernay, Olivier Latry, Philippe Lefebvre et Jean-Pierre Leguay. Quant à l'orgue, à nouveau en assez mauvais état, il doit être restauré, mais la discussion reste très ouverte pour les projets, notamment celui de rétablir le Positif de dos supprimé par Viollet-le-Duc, dont la cathédrale possède encore toutes les boiseries.

Ce que Cavaillé-Coll propose fastueusement, ce qui l'amène d'ailleurs à commettre des erreurs irréparables, ses collègues entraînés dans son sillage devront l'entreprendre également, sous peine de faire figure de retardataires.

Les plus grands, comme Merklin notamment à Lyon, montrent une égale et rassurante continuité dans la rondeur sonore des jeux et la qualité d'exécution de l'instrument. Les plus petits, eux, gardent un métier artisanal et présentent des modèles plus sobres, mais tous se rangent à l'essentiel : restituer cet univers sonore puissant, impérieux, qui se veut le reflet du grand orchestre postromantique.

Lorsqu'en 1899 meurt Aristide Cavaillé-Coll, l'élan qu'il a su donner à l'instrument sur le plan de la facture, aussi bien que sur celui de l'évolution musicale, va se poursuivre, avec quelques transformations, jusque vers 1935.

Sa firme, depuis quelques années déjà, est reprise par Charles Mutin, personnage peu scrupuleux et fort habile en affaires. Tant que demeurent les « anciens » du temps de Cavaillé-Coll et que les stocks de matériels ne sont pas arrivés à épuisement, la maison maintient en apparence un niveau de qualité égal. Des réalisations comme l'orgue de la salle Tchaïkosvki à Moscou ou celui du Sacré-Cœur de Montmartre sont des chefs-d'œuvre qui témoignent de cette continuité.

L'électrification, qui supprime la nécessité de souffleurs, ouvre une ère nouvelle de diffusion. Ainsi, de nombreux salons privés acquièrent cet ornement prestigieux. Le catalogue de Mutin propose une extravagante collection de buffets, allant du néogothique à la Viollet-le-Duc au style nouille, en passant par les imitations de style Louis XV et Louis XVI, très en vogue. Les salles de concerts, et plus tard les cinémas, sont équipées d'orgues de style éclectique, plutôt XVIIIe siècle, comme celui de la salle Gaveau, à Paris, dont il ne reste aujourd'hui que le buffet et la façade.

Peu à peu, par souci d'économie, mais aussi par déviation du goût, la maison Mutin-Cavaillé-Coll développe un type d'instrument symphonique dont l'harmonisation, plus vulgaire, souffre d'une baisse générale de la qualité. Pourtant, Charles Mutin, le directeur de l'entreprise, n'hésite pas à adopter des inventions nouvelles, notamment dans les tirages des jeux, ainsi qu'en témoigne l'orgue de la salle Gaveau. Il est d'ailleurs imité dans ce souci d'inno-

CONDOM (Gers), ancienne cathédrale Saint-Pierre. Détail. *Un examen attentif permet de discerner au niveau des frises et des claires-voies, ainsi que sur le balcon de ferronnerie de la tribune, une multiplicité de motifs nettement néogothiques très XIXe siècle.*

vation par des maisons installées en province : Merklin à Lyon, Debierre, puis Beuchet-Debierre à Nantes, Puget à Toulouse, Jacquot dans l'Est. Dans les mêmes années, en Alsace, nombreux sont ceux qui prônent une modernisation des vieux orgues des XVIIIe et XIXe siècles. Au nom de cette modernisation, on adapte sans respect, on électrifie le tirage des jeux et la transmission des claviers sans pitié pour des mécaniques séculaires mais inusables, qui avaient été conçues pour être utilisées avec la sensibilité du toucher. A Nantes, le facteur Debierre met au point un tirage de jeu

CONDOM (Gers), ancienne cathédrale Saint-Pierre.
L'orgue de Condom, quoique daté des années 1830-1840, se présente dans un buffet très classique. L'instrument est l'œuvre de Phébade, facteur à Agen, qui réalisa le buffet et une partie de l'orgue en 1838, mais, pendant plusieurs années, celui-ci demeura inachevé. En 1852, Wenner et Gotty terminaient le Positif, le récit et la Pédale. En 1891, enfin, on ajoutait une flûte à la Pédale. En 1978, l'ensemble a été totalement restauré par Robert Chauvin de Dax. L'orgue comprend trois claviers/pédalier et vingt-sept jeux.

PLEYBEN (Finistère), église Saint-Germain-l'Auxerrois.

Ce très bel orgue polychrome est le deuxième que possède l'église, ce qui prouve l'intérêt porté à la musique dans ce lointain diocèse de Cornouaille. L'orgue primitif était posé à même le sol, où il souffrit de l'humidité. Pour construire l'orgue actuel, on fit appel, en 1688, au facteur Thomas Dallam, fils de l'Anglais Robert Dallam, qui était demeuré en Bretagne après le retour de son père dans sa patrie à la restauration de la royauté en Angleterre.

C'est en 1692 que l'orgue est achevé. Il possédait un double chœur, avec le Positif de dos et le Grand Orgue. La décoration et l'architecture sont la répétition d'un modèle souvent repris par Thomas Dallam dans la région, notamment à Sainte-Mélaine de Morlaix, où les anciens buffets sont encore conservés.

En 1877, Heyer restaure l'orgue en vidant le Positif et en avançant le Grand Orgue vers le bord de la tribune pour ajouter, en arrière, un récit dont seul le clavier fut achevé et monté.

L'orgue actuel est toujours celui d'Heyer. Bien entretenu, fort beau, d'ailleurs, d'une esthétique très claire, il comprend dix jeux qui parlent sur un seul clavier/pédalier.

pneumatique où le système de transmission est remplacé par des tubes emplis d'air. Dans les églises, parallèlement au Grand Orgue, se multiplient les orgues de chœur, et, pour les paroisses pauvres, Debierre propose son orgue « polyphone » destiné à concurrencer l'harmonium. Les quelques exemples de ces petites machines en notre possession nous montrent à la fois la perfection du mécanisme et leur extrême qualité musicale.

En même temps que s'accentue cette évolution « symphoniste » de la facture d'orgues, certains musiciens, dont l'organiste Jean Huré, s'interrogent sur le bien-fondé d'une pareille systématisa-

SAINT-SERVAN (Ille-et-Vilaine), orgue de chœur.
Cet orgue, daté de 1845, est l'œuvre de Dominique et Aristide Cavaillé-Coll. Il comprend deux claviers/pédalier et quinze jeux.
D'une esthétique présymphonique, contemporain de l'orgue de Saint-Denis, il a la particularité de posséder un second clavier de récit-expressif incomplet puisqu'il ne commence qu'à partir du deuxième fa.
On trouve une même singularité, au fond, dans un autre orgue des débuts de Cavaillé-Coll, celui qui est installé aujourd'hui dans l'église de Verberie (Oise).

tion, rêvant peut-être d'un instrument différent, plus adapté à l'écriture musicale de leur temps.

Une tendance paraît toutefois se dessiner sous l'influence d'autres domaines musicaux et artistiques, et c'est peut-être dans la musique d'inspiration mystique et impressionniste d'un Charles Tournemire qu'on peut déceler ce changement. A la veille de la Grande Guerre, la façade d'orgue, totalement intégrée à l'esthétique novatrice de l'architecte Auguste Perret, va dominer la scène du théâtre des Champs-Élysées.

ROUEN (Seine-Maritime), ancienne abbatiale Saint-Ouen.
L'un des premiers instruments français à présenter la dialectique des deux buffets Grand Orgue/Positif, l'orgue de Saint-Ouen de Rouen fut construit par Crépin Carlier en 1630. Des travaux furent d'abord effectués vers 1850 par Daublaine et Callinet, mais c'est Cavaillé-Coll qui le reconstruisit totalement de 1888 à 1890, se ruinant pour l'instrument qui sera son ultime chef-d'œuvre personnel, le premier ayant été celui de Saint-Denis. Il comprend soixante-quatre jeux et quatre claviers/pédalier.
Non seulement Cavaillé-Coll a ici conservé le Positif de dos, riche de douze jeux, mais il a adopté un certain nombre de dispositions remarquables pour remplir l'immense église, aussi vaste que Notre-Dame de Paris à quelques mètres près.
Le clavier de récit, le plus grand jamais construit par le facteur, est ici un orgue à lui tout seul puisqu'il comprend vingt jeux. Au clavier principal (Grand Orgue), on remarque deux jeux d'anches placés horizontalement en chamade, à la base de la montre. Enfin, la tribune de l'orgue n'est pas élevée et l'instrument semble perdu dans l'immensité de la nef.
Une telle facilité d'expansion du son, mêlée aux qualités d'harmonisation, fait que cet ensemble sonne admirablement. Cet orgue est l'un des plus admirables de Cavaillé-Coll, l'un des plus beaux de la période symphonique.

Est-ce un signe des temps? Tous ces organistes, non contents de leur concert dominical à la grand-messe où la musique ne s'interrompt que pour le sermon, effectuent des tournées à l'étranger, comme les musiciens solistes de leur temps, pianistes ou violonistes. L'accueil qu'ils reçoivent en Allemagne, en Angleterre, en Hollande, en Espagne ou aux États-Unis est à la mesure de leur grand talent.

CHÂLONS-SUR-MARNE (Marne), cathédrale Saint-Étienne.
La cathédrale de Châlons-sur-Marne possédait au XVIIIe siècle un Grand Orgue, œuvre du facteur champenois Jacques Cochu.
L'instrument, achevé en 1757, fut augmenté par René Cochu en 1764, mais il disparut durant les troubles de la période révolutionnaire.
Il fallut attendre le milieu du XIXe siècle pour lui voir un remplaçant. Celui-ci fut édifié en 1851-1852 par John Abbey et ses fils Eugène et John-Albert, des facteurs d'origine anglaise qui construisirent ici leur chef-d'œuvre et l'instrument le plus important sorti de leur atelier. Il fut à nouveau restauré en 1956-1957 par Roethinger.

L'ÉCOLE D'ORGUE FRANÇAISE AU XIXe SIÈCLE

Jusqu'aux alentours de 1850, il semble que l'orgue français ait traversé une période de purgatoire. Si les quelques facteurs remettent en marche, plutôt qu'ils ne réparent, les vieux orgues ayant survécu à la Révolution, le public fait montre d'une certaine désaffection envers un instrument qui lui semble d'un autre âge. Quelle serait notre réaction, en demandant un lecteur-laser pour disques compact, de nous voir proposer un phonographe à pavillon? Il est permis, bien sûr, de s'indigner de la réaction du public et du rejet des compositeurs. Il est possible, aussi, d'en comprendre les raisons.

On a vu, sur le plan de la facture, comment cet orgue, qui n'a pas évolué, conserve une esthétique sonore mise au point deux siècles auparavant, sous le règne de Louis XIV. Aux auditeurs qui découvrent Beethoven, Chopin, Berlioz, on propose un instrument mal entretenu, capable seulement d'émettre une accumula-

SOUILLAC (Lot), église Sainte-Marie.
Cet élégant petit instrument est l'œuvre de Jean-Baptiste Stoltz. Daté de 1850, il semble qu'il ait été précédé d'un autre orgue. Il nous parvient dans un état assez proche de celui d'origine puisque Puget, qui l'entretint à partir de 1928, effectua un relevage et la pose d'un ventilateur électrique en 1935. Comme l'orgue est à l'aplomb de la tribune, la console en fenêtre s'ouvre sur la façade arrière.

tion de jeux « criards » et le plus souvent faux, un engin tout juste adapté aux noëls du siècle précédent.

L'Allemagne et l'Angleterre ont déjà adopté un orgue à la sonorité plus ronde. Les œuvres que Felix Mendelssohn, Robert Schumann et bientôt Franz Liszt vont improviser et composer nécessitent, en effet, un instrument dont l'évolution rejoint les sonorités orchestrales et pianistiques de ce siècle. Hector Berlioz s'enflamme lorsqu'il traite l'orgue de « pape des instruments, empereur de l'orchestre », mais on le voit mal s'accommoder des sonorités désuètes des plus beaux Clicquot... Il faudra attendre la révolution de Cavaillé-Coll pour assister à une renaissance musicale de l'orgue.

C'est dans le Midi, en Corse ou dans le comté de Nice, alors italien, qu'il faut chercher le meilleur exemple de ce que pouvait être la musique d'orgue destinée aux offices au temps de la Restauration. Les organiers mêlent aux tuyaux une série d'accessoires, des grosses caisses, des tambourins, des grelots, des cymbales, des tambours, qui soulignent bruyamment les effets. En réponse à un grégorien de pacotille, la tribune émet de fort sonores arrangements d'opéra. La réunion des genres plaît aux fidèles et le compositeur le plus en vue, Louis James Alfred Lefébure-Wély, la fixera dans quelques pages aujourd'hui célèbres : sorties, marches ou pastorales... Comme sous la Révolution et l'Empire, le musicien évoque la nature, la pluie, la grêle, les orages, transposant purement et simplement à l'église l'opéra romantique de Meyerbeer avec ses fantômes, ses moines maudits et ses catastrophes. Encore une fois, cela plaît et durera jusqu'au second Empire, attendrissant les jeunes héroïnes de Stendhal, de Balzac, et finalement les petites filles modèles de la comtesse de Ségur.

Si la critique et les musiciens restent réticents, voire hostiles, le clergé constate que l'orgue attire le public. Mais lorsque l'organiste de Saint-Germain-l'Auxerrois, Alexandre Pierre François

REIMS, cathédrale Notre-Dame.
Orgue de chœur.
Pendant la première moitié du XIXe siècle, le plain-chant fut exécuté dans les églises paroissiales et même dans les cathédrales, avec un accompagnement note contre note, de serpent ou d'ophicléide. Sous l'influence de Choron, puis de Niedermeyer, et devant une renaissance évidente du chant grégorien, on construisit peu à peu, autour de 1850, des orgues de chœur à Paris et en province. Bien des nefs se virent alors dotées d'un petit instrument à un ou deux claviers muni d'un pédalier parfois réduit à une octave, juste nécessaire pour soutenir l'harmonie. C'est ainsi que l'on édifia celui de Reims, dans une grande arcade au milieu de la nef, à même le sol, parmi les stalles. On notera l'élégance du buffet et le souci évident du décorateur néogothique d'adapter sa boiserie à l'architecture de la nef du XIIIe.

PARIS, orgue de salon de Pauline Viardot.
Cet orgue, représenté sur une gravure du début du second Empire, est significatif de l'extraordinaire vogue des orgues de salon à cette époque. On en trouvera... jusque dans le salon du Nautilus, *le sous-marin décrit par Jules Verne dans* 20 000 lieues sous les mers. *Cet instrument, construit par Cavaillé-Coll, est installé dans un salon s'ouvrant sur un jardin d'hiver. Une foule d'amateurs et de gens du monde y viennent écouter la cantatrice qui s'accompagne elle-même. Au-dessus de la montre, on reconnaît sur un médaillon le portrait de la maîtresse de maison. Aujourd'hui cet orgue est à Melun, à l'église paroissiale. Le médaillon, trop mondain, a disparu...*

Boëly, tente de réagir par ses œuvres ou par l'exécution de pages de Jean-Sébastien Bach, qu'il découvre grâce aux efforts de Mendelssohn et aux publications de la Bach Gesellschaft, il se fait tout simplement interdire sa tribune par son curé. Quand on entend sa *Fantaisie en fugue* en *si* bémol qui veut restituer la grande écriture contrapuntique, on est atterré par l'aveuglement de ses contemporains. Il serait toutefois injuste de passer sous silence les efforts de l'école de musique religieuse de Niedermeyer, ainsi que ceux du jeune Saint-Saëns, après 1850, écrivant lui aussi des préludes et des fugues, de style assez pianistique il est vrai. Plus tard, alors qu'il est organiste à la Madeleine, il plaisante avec son curé : « Une fugue, dit-il, est une pièce dans laquelle se succèdent des entrées au fur et à mesure que l'église se vide. »

Il semble cependant que vers 1850, l'orgue de Cavaillé-Coll ait influencé le goût des musiciens, et finalement celui du public. L'esthétique de l'instrument avait primé sur celle de la musique. C'est cet orgue qui, dans les églises, les salles de concerts, les salons, a déclenché un revirement de situation. On redécouvre l'œuvre de Jean-Sébastien Bach, on s'imprègne du style de Beethoven et des grands romantiques; quant à Wagner, il va révolutionner l'écriture musicale. A tous ces courants qui vont enfin renouveler le répertoire de la musique d'orgue, il avait fallu un révélateur, et ce fut l'organiste de Sainte-Clotilde à Paris, un humble professeur au Conservatoire, d'origine belge et compositeur de génie, César

Page de gauche : L'ESCARÈNE (Alpes-Maritimes), église.
Sommet de la tourelle avec un ange musicien jouant du cor de chasse.

Ci-dessus : LA BRIGUE (Alpes-Maritimes), église Saint-Martin.
C'est au fond de la laye que l'on trouve la signature de l'orgue de La Brigue, attribuant aux Lingiardi de Pavie, en Italie, la paternité de l'instrument, daté de 1849. En 1925, le facteur Gandini, puis Puget en 1957, y effectuèrent une restauration. L'orgue a été ensuite modifié.
Il comprend, sur un seul clavier, des jeux de ripieno et des jeux de concert, ces derniers, surtout, ayant eu à souffrir des restaurations. On notera enfin l'inutilisation des accessoires d'origine, sauf de l'octave aiguë.

Pages 194-196 : SAINT-DENIS (Seine-Saint-Denis), basilique.
*Bien que très proche de Paris, la basilique de Saint-Denis est très peu connue. C'est pourtant l'un des monuments essentiels de l'architecture médiévale française. Historiquement, son importance est d'autant plus grande qu'elle fut destinée, dès l'origine, à recevoir les dépouilles des rois de France, d'où les nombreux monuments funéraires conservés sous ses voûtes. Un lieu aussi important politiquement et religieusement fut destiné très tôt à la musique. Connaissant les qualités intellectuelles de la communauté religieuse de Saint-Denis, on peut être sûr qu'un orgue y fut construit à la même époque qu'à Notre-Dame de Paris. La première trace d'un instrument est certifiée grâce aux archives dès 1506. Cet orgue était déjà placé en tribune. Il fut remplacé en 1604 par un nouvel instrument construit par Jean Carlier de Laon, l'expertise en fut faite par Jehan Titelouze et par l'organiste de la Sainte-Chapelle, Fleurant Bienvenu. Des travaux sur cet orgue furent effectués à la fin du XVII*e *siècle. Est-ce sous l'influence de Nicolas de Grigny, qui fut titulaire pendant quelques années à la fin du XVII*e *siècle, qu'on édifie, entre 1690 et 1700, un troisième orgue destiné à surpasser en splendeur ceux qui l'avaient précédé? Sculpté par Bordelot et présentant entre autres un roi David et une sainte Cécile, le buffet aurait pu être dessiné par Robert de Cotte, architecte de la chapelle de Versailles et chargé de reconstruire vers la même époque les bâtiments de l'abbaye de Saint-Denis. Cet instrument était très vaste puisque le Positif comprenait cinq*

tourelles. Il aurait compté cinquante jeux et quatre claviers/pédalier. Préservé au début de la Révolution, alors que les religieux étaient chassés, les tombeaux profanés et l'église vidée de tout ornement, l'orgue fut démonté pour être conservé au futur conservatoire des Arts et Métiers. Malheureusement, lors de ce déménagement, l'ensemble disparut et ne fut jamais retrouvé.

En 1806, Napoléon décida que Saint-Denis allait devenir la sépulture impériale; on entreprit alors de restaurer l'église et l'on envisagea de reconstruire un orgue. En 1836, l'architecte Debret, qui allait s'illustrer par la ruine d'une des tours de la basilique, dessina le buffet actuel, qui, malgré ses dimensions, s'inspire de miniatures médiévales. La boiserie est construite par Bouxin et sculptée par Bloiset Bruns. Curieusement, on attend ce moment pour désigner un facteur d'orgues. Adolphe Thiers invite l'Institut à former une commission chargée de choisir entre les divers projets proposés par Erard, John Abbey, Dallery et Callinet; peu de jours avant la clôture du concours, le jeune Aristide Cavaillé-Coll (il a alors vingt-quatre ans) débarquait à Paris de son Midi natal. La légende rapporte que, connaissant l'urgence des délais, il se rendit directement à Saint-Denis et que deux jours plus tard il présenta les plans et le projet d'un orgue qui furent immédiatement choisis, de préférence aux projets des autres concurrents.

Quelle que soit la part de vérité de cette histoire, Cavaillé-Coll est bien chargé de cette construction qu'il va partager avec son père Dominique, venu en renfort.

La famille Cavaillé-Coll installe un atelier à Paris, mais s'établit surtout dans la base des tours de Saint-Denis, où se construit l'essentiel de l'orgue. Celui-ci est finalement reçu le 21 septembre 1841. ▷

(suite de la page 195)

Articulé sur trois claviers/pédalier commandant en réalité quatre plans sonores manuels, il fut légèrement augmenté par Mutin en 1901, ce qui le porta à soixante-neuf jeux. Actuellement en cours de restauration, l'orgue de Saint-Denis devrait reparler vers juin 1987. Cavaillé-Coll construisit là un instrument essentiel. De dimensions gigantesques, avec un nombre impressionnant de jeux de mixtures et de jeux d'anches, cet instrument s'impose comme le plus bel orgue classique français, dans la tradition de ceux construits avant lui par les Thierry, les Clicquot, les Lefèbvre, les Isnard; mais à cet art encore marqué du baroque, il apporte une nouvelle esthétique annonçant les grands instruments de type symphonique. En outre, pour réaliser cette synthèse, il utilise tout le savoir-faire de la facture nouvelle, dont il dresse les bases à cette occasion. Pour tous ceux qui ont entendu, même dans un état pitoyable, cet orgue fantastique, Saint-Denis était l'un des plus beaux, sinon le plus bel orgue de France. On attend avec impatience de pouvoir admirer l'éclat de cet ensemble enfin ressuscité.

La disposition interne adoptée par le facteur est liée au dessin de l'architecte. La tribune est très exiguë et permet juste l'accès à la console. Il n'y a pas de Positif de dos, mais, de part et d'autre de la fenêtre de la console s'étendent les sommiers du Positif encadrés par les tuyaux de la Pédale. Au niveau supérieur, s'ouvrant à la fois vers le bas et vers le haut, ce qui autorise des coups d'œil impressionnants, une passerelle, au centre de l'orgue, dessert les deux parties des claviers de Grand Orgue et de bombarde (tous deux étant joués au deuxième clavier). Enfin, un passage acrobatique le long du revers de la façade permet d'atteindre les tuyaux du récit, contenus dans la boîte expressive. Parvenu à ce niveau, on aperçoit en dessous les tuyauteries des claviers précédents, cependant que jaillissent les extrémités des éléments des jeux de Pédale, dont certains ont plus de dix mètres de long. Enfin, et le fait est assez exceptionnel pour être noté, la boiserie est si grande qu'elle enferme tout l'instrument, y compris les tuyaux de Pédale. Le buffet est entièrement clos et surmonté d'un toit de bois praticable d'où la vue sur les voûtes et sur la nef est spectaculaire.

Franck, qui, sans avoir voulu s'imposer, devait assumer ce rôle essentiel dans l'histoire de la musique française.

La personnalité musicale de César Franck allait exercer une influence définitive sur l'évolution du langage organistique et la conception de l'instrument, les faisant entrer dans une ère de modernité. L'écriture de Franck trouve son inspiration dans l'œuvre de Jean-Sébastien Bach pour le contrepoint, les développements de vastes chorals, ainsi que les fugues qui s'installent en bonne place dans ses œuvres majeures. Se référant également à l'œuvre de Beethoven, il y puise l'essentiel de l'art de la variation et utilise la forme sonate, mais en se livrant à des transgressions qui l'amènent à des articulations d'une audace toute nouvelle, dans lesquelles ses élèves et successeurs ne cesseront de puiser. Ses œuvres pour orgue s'échelonnent essentiellement de 1862 à sa mort. Ses trois chorals sont juste achevés en 1890. Cette période correspond à la découverte d'un Richard Wagner dont les conceptions s'imposent non seulement dans le monde germanique, mais dans toute l'Europe musicale : à partir de *Tristan et Isolde*, Wagner met en effet en pièces la vieille notion de tonalité classique sur laquelle reposait toute la musique depuis Rameau. Sans abandonner les sources premières de son imagination, le grand mérite de Franck est d'avoir injecté par le biais du « chromatisme » ce nouveau « parler wagnérien », dépassant assurément le strict domaine de l'écriture organistique.

Il est évident que César Franck dispose avec les orgues de Cavaillé-Coll de l'instrument idéal. L'onctuosité de la matière sonore des instruments sur lesquels il joue, aussi bien à Sainte-Clotilde durant l'office qu'en concert au Trocadéro, et la grande souplesse de programmation des registres métamorphosent totalement l'esthétique de l'orgue. César Franck, dans son œuvre pour orgue, a enfin réalisé la synthèse entre la littérature orchestrale et celle du piano qui, à cette époque, règne en maître.

SAINT-BERTRAND-DE-COMMINGES (Haute-Garonne), ancienne cathédrale.
On sait très peu de chose sur l'origine de cet orgue exceptionnel, le seul en France placé en équerre à un angle de la nef. Offert par un évêque, il aurait été achevé vers 1550, puis l'ensemble fut agrandi à la fin du XVIIIe siècle par Jean-François Lépine. La Révolution lui fut funeste : on arracha les tuyaux de montre pour en fondre l'étain et le reste fut abandonné. Deux réparations sont signalées : en 1835, quand le facteur Baron enleva le Positif de dos placé par Lépine, et, en 1896, lorsque Magen entreprit, sans la terminer, une importante restauration. Finalement, en 1976, une reconstruction complète fut réalisée par les facteurs Chauvin de Dax et Swiderski. L'orgue comprend aujourd'hui trois claviers et trente-neuf jeux.

PARIS, église Sainte-Madeleine.
L'orgue de la Madeleine fut terminé en 1846, mais la plaque de la console indiquait : « Cavaillé-Coll Père et Fils, facteurs d'orgues du Roi, 1845. » A cette époque, en effet, Dominique et son fils Aristide Cavaillé-Coll travaillaient encore ensemble, même si la personnalité du second écrasait singulièrement celle du père. Les deux facteurs venaient d'achever l'orgue de Saint-Denis, et il est évident qu'avec la Madeleine ils franchissaient une étape nouvelle dans l'évolution de leur esthétique.
En effet, la sonorité des jeux, le grand nombre des flûtes, la disposition même de la console, en avant du buffet (l'organiste étant tourné vers l'autel), tout concourt ici à donner une qualité romantique, voire symphonique, à l'ensemble et à métamorphoser l'organiste liturgique en un concertiste virtuose.
A cette époque, l'orgue était alors disposé en quatre claviers/pédalier et quarante-six jeux, et l'ensemble de la tuyauterie renfermé dans un seul buffet, supprimant la notion du contraste entre Positif et Grand Orgue.
L'inauguration solennelle fut jouée par Fessy, organiste de la paroisse, et par Lefébure-Wély, organiste de Saint-Roch.
Ce compositeur virtuose, dont l'œuvre pittoresque est aujourd'hui à nouveau à la mode, obtint alors un tel succès avec des improvisations où se mêlaient pastorales, marches militaires, grêles et tempêtes qu'il fut nommé titulaire dès 1847. Après lui, la liste des organistes de la Madeleine est impressionnante : n'est-elle pas, aujourd'hui encore, le type même de la paroisse parisienne mondaine, comme en témoigne Maupassant à la fin de Bel-Ami?
Succédant à Lefébure-Wély, Camille Saint-Saëns en devint le titulaire pendant dix-neuf ans, suivi de Théodore Dubois, Gabriel Fauré, Henri Dallier, Edouard Mignan, Jeanne Demessieux, Odile Pierre et François-Henri Houbart, l'actuel organiste.
L'histoire de l'instrument lui-même montre une évolution normale. En 1927, un relevage fut effectué et l'on en profita pour allonger les claviers vers l'aigu. En 1957, Roethinger de Strasbourg, aidé de Robert Boisseau, ajoutait six jeux, parmi lesquels des mixtures.
En 1971, enfin, les Établissements Gonzalez électrifiaient mécanique et tirage de jeux, tout en portant l'orgue à cinquante-huit jeux.

Mais, chose remarquable et paradoxale à la fois, Franck n'utilise que parcimonieusement les diverses variétés de couleurs nouvelles que propose ce type d'instrument. Son univers sonore, d'une rondeur qui confine parfois à la grandiloquence, n'est pas spécifique à sa musique d'orgue. Il apparaît aussi bien dans ses pages pour piano que dans son écriture orchestrale. Sa musique, dans sa modernité harmonique et dans son utilisation de la forme cyclique, demeure « musique pure », car elle s'inquiète moins de la couleur que du dépouillement d'une solide architecture. Les sonorités de son orgue aux multiples plans (trois claviers/pédalier) produisent un effet comparable à la masse sonore de l'orchestre. On lui reprochera d'ailleurs cette lourdeur dans ses pièces pour orchestre et sa musique de chambre où transparaît l'art de l'organiste,

AGEN (Lot-et-Garonne), cathédrale Saint-Hilaire.
Plusieurs projets de Grand Orgue sont connus au XIXe siècle pour la cathédrale de Saint-Hilaire. Ils furent refusés par le conseil de fabrique, qui accepta en 1855 le projet d'Henry. Trop âgé, celui-ci se récusa mais proposa en remplacement son collègue Jean-Baptiste Stoltz. Ce facteur, alors associé à Schaaff, offrit de placer à Agen l'instrument qu'il avait présenté à l'Exposition universelle de 1855.
A la suite d'un violent orage, l'instrument fut endommagé en 1867; les frères Stoltz y effectuèrent quelques réparations et y ajoutèrent deux jeux. En 1922, enfin, Mutin opéra le relevage de l'orgue. L'instrument comprend trois claviers/pédalier et quarante-deux jeux.

Sur les deux pages : PARIS, église Saint-Eustache.

Curieusement, Saint-Eustache, grande église Renaissance, dut attendre longtemps pour posséder un Grand Orgue de tribune. Il ne faut pas oublier que la partie occidentale de la nef et le portail ne furent achevés qu'au XVIIIe siècle. Cependant, Antoine Josseline, facteur à Rouen, avait installé un orgue vers 1560.
Le premier titulaire en fut, pendant vingt ans, Mathieu de la Croix.
C'est Chabanceau de la Barre, organiste de Notre-Dame, qui prit sa place, puis Jéhan le Secq, dont la famille officia pendant un siècle à Saint-Eustache. En 1637, la nef était achevée et l'on envisageait d'y édifier un orgue monumental, mais ce projet n'aboutit pas. En 1726, l'organiste Forqueray prêta ses claviers à Rameau, pendant une nuit de 1733, pour qu'il joue à l'occasion du mariage du financier Samuel Bernard. Ce serait la dernière fois que Rameau aurait touché un orgue. En 1772, la façade est achevée, et le vieil instrument d'Antoine Josseline, sans doute maintes fois modifié, semble toujours faire l'affaire.
En juillet 1778, Mozart assistait, presque seul, aux obsèques de sa mère à Saint-Eustache. Étant donné la modestie de la cérémonie, on peut supposer que l'orgue resta silencieux.
La Révolution arriva, bouleversant le mobilier des églises; aussi, en 1802, l'abbé Juvigny, « chef de culte », obtint que l'on transporte à Saint-Eustache l'orgue de la ci-devant abbatiale de Saint-Germain-des-Prés. Celle-ci, devenue paroisse, recevra l'orgue de l'abbaye de Saint-Victor, à la halle aux Vins, dont une partie du buffet est toujours conservée.
Le nouvel orgue de Saint-Eustache comprenait quatre claviers et soixante-huit jeux et avait la particularité de présenter deux pédaliers, l'un « à la française », l'autre « à l'allemande », superposés comme des claviers manuels.
L'instrument, construit par Alexandre Thierry au début du XVIIIe siècle, fut successivement entretenu par Daublaine, Callinet et Barker.
Ce dernier, malheureusement, eut l'imprudence de travailler à l'intérieur de la tuyauterie en s'éclairant avec une chandelle, ce qui

*fut à l'origine d'un incendie, lequel détruisit complètement l'orgue, le 16 décembre 1884.
Dix ans plus tard, Barker, alors chef des travaux chez Ducrocquet, réparait son imprudence en achevant un Grand Orgue placé dans un vaste buffet dessiné somptueusement par l'architecte Baltard, le même qui, face à l'église, construisait les pavillons métalliques des Halles centrales. La sculpture de ce monument second Empire est particulièrement recherchée, et il est remarquable pour l'époque de trouver, sur la façade du massif, les médaillons de compositeurs qui nous paraissent peu prisés à l'époque : Bach, Haendel, Frescobaldi et Couperin. L'orgue comprenait quatre claviers/pédalier et soixante-huit jeux. Il fut inauguré par Cavallo, Bazille, César Franck et Lemmens. En 1879, Merklin l'augmentait de soixante-douze jeux et reprenait considérablement la mécanique. Une nouvelle réception a lieu, par une commission où siègent César Franck, Guilmant, Théodore Dubois et Eugène Gigout. A partir de 1927, l'instrument est pris en charge par Gonzalez qui, peu à peu, découvre les mérites de la facture classique. Il entreprend une longue restauration qui permettra d'électrifier les tirages de notes et de jeux et la réharmonisation générale.
Saint-Eustache est illustré par Henri Dallier, Joseph Bonnet et André Marchal. Celui-ci y enregistre de nombreux disques, dont une inestimable intégrale de César Franck en 1958. Dans les années soixante, dans des circonstances restées mystérieuses et, semble-t-il, peu glorieuses pour ceux qui en eurent l'initiative, André Marchal est évincé de Saint-Eustache alors qu'il est en tournée de concerts aux États-Unis. Peu après, Jean Guillou est nommé titulaire.
En 1967, l'orgue ne comprend que quatre-vingt-six jeux (plans manuels parlant sur quatre claviers/pédalier). On entreprend plus tard la construction d'une nouvelle console de cinq claviers, placée dans la nef, puis divers travaux à l'issue desquels l'orgue sera finalement rendu muet. Une nouvelle restauration totale est entreprise vers 1978. Depuis, l'orgue est demeuré désespérément muet !*

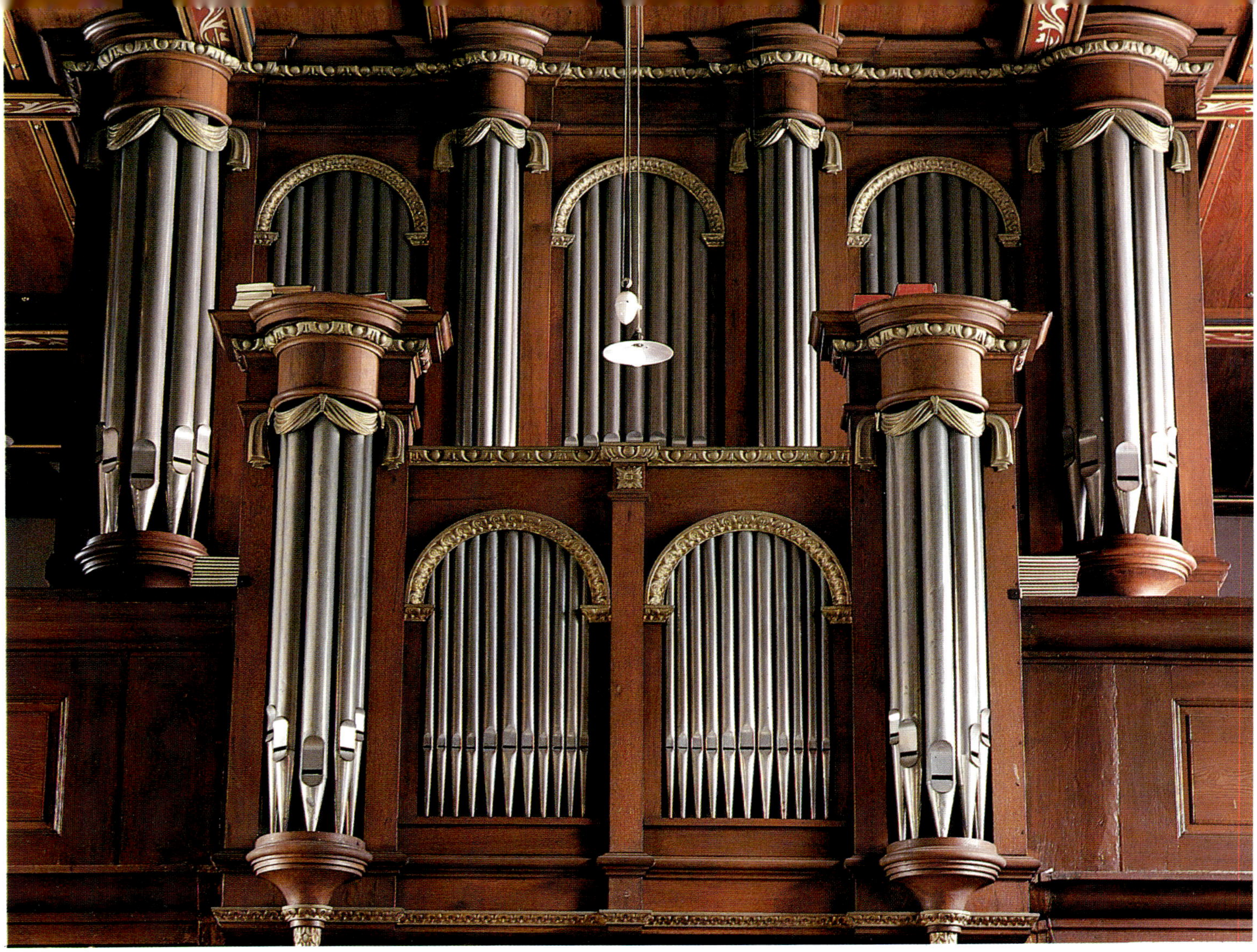

Ci-dessus : SEWEN (Haut-Rhin), église.
L'orgue de Sewen est l'œuvre de Valentin Rinckenbach; il date de 1842.
Son allure est celle, assez fréquente en Alsace, de ces orgues du début du XIXe siècle, avec une silhouette un peu tassée sous le plafond de l'église et des tourelles en nombre pair. On notera qu'ici le Positif de dos n'est en réalité qu'une façade postiche.
En 1899, Berger, facteur à Rouffach, opère le vidage du petit buffet, plaçant les tuyaux du Positif dans le Grand Orgue qu'il recule; il installe entre le bord de la tribune et le grand buffet une console indépendante et modifie alors quelques jeux. Ensuite, on note seulement le passage de Schwenkedel en 1955 pour divers travaux de gros entretien. L'orgue comprend deux claviers/pédalier et vingt-cinq jeux.

Page de droite : KIENTZHEIM (Haut-Rhin), église Notre-Dame-des-Sept-Douleurs.
L'orgue fut construit en 1847 par Valentin Rinckenbach. Vers 1895, on note l'intervention de Martin Rinckenbach et surtout, en 1925, d'importants travaux effectués par Georges Schwenkedel. Celui-ci vida le Positif de dos et plaça sa tuyauterie dans une boîte expressive installée dans le grand buffet.
Il augmenta l'étendue de la Pédale, mais conserva la console en fenêtre. Une partie importante de la tuyauterie d'origine est alors remplacée. En 1947, Alfred Berger effectua des réparations.
En 1959-1960, enfin, Curt Schwenkedel replaça une partie de la tuyauterie dans le Positif de dos, changea des jeux et installa une console électrique. Ce facteur reviendra en 1972 effectuer plusieurs travaux sur les sommiers. L'orgue comprend trois claviers/pédalier et trente-trois jeux.

alors que celui-ci reflète constamment un style symphonique auquel, dans des œuvres comme la *Symphonie en ré mineur* ou les *Poèmes symphoniques,* il se consacre avec bonheur.

Mais il nous manque, pour restituer toute la personnalité de Franck, l'écoute de ses improvisations, dans lesquelles il atteignait la perfection, aux dires de tous ceux qui l'entendirent, éblouissant non seulement le cénacle de ses élèves, convaincus d'avance, mais aussi des personnalités comme Franz Liszt qui ira jusqu'à le comparer à Jean-Sébastien Bach.

Ainsi l'école d'orgue française aux XIXe et XXe siècles va s'épanouir de façon permanente grâce à la qualité extrême de la facture de l'instrument et au grand talent des musiciens, tout autant que par la valeur de l'enseignement. Il est en effet impossible de ne pas lier la technique de clavier à celle de la composition. Il faut bien admettre que César Franck marque sans doute davantage ses élèves par la richesse de ses improvisations que par son enseignement de la technique de l'instrument. A ceux-ci, il apprend la variation, l'évolution d'une forme, le jeu consistant à habiller un thème d'une façon nouvelle, alors que, en ce qui concerne le jeu de l'orgue, les traits de la pédale, l'utilisation plus colorée de la registration, il semble que son enseignement ait un peu manqué de rigueur. S'il connaissait Bach, comme toute sa production le montre, en revanche il n'imposait jamais dans ses cours l'exé-

DEM · HERRN · MIT · DANKSAGUNG · (ALLELUJA)
PS. 67, V. 28

DIE JUNGLINGE SOLLEN LOBEN DEN NAMEN DES HERRN
PS. 148, V. 12

cution d'un grand prélude et fugue ou d'une sonate en trio. De même, on peut s'interroger sur sa propre technique en analysant dans ses œuvres la partie de pédalier. Aussi, l'influence de son art ne s'exercera pas par l'intermédiaire de son enseignement d'organiste, mais grâce à son rayonnement de compositeur qui libère le langage par sa modernité. Une pléiade d'élèves s'imposeront, bien que la plupart n'aient composé que très peu pour l'orgue, tels Henri Dallier, Guy Ropartz, Ernest Chausson, Vincent d'Indy, Gabriel Perné.

Certes, Charles Tournemire et surtout Louis Vierne seront, avec leur génie propre, les continuateurs de César Franck, mais ce sont

Double page précédente : NIEDERHERGHEIM (Haut-Rhin), église.
Dans cette église construite au moment de l'annexion allemande, en 1871, le facteur Rinckenbach construit en 1888 un orgue placé dans un buffet de Théophile Klem. On ne notera aucune transformation, depuis l'état d'origine, d'esthétique symphonique. Il fut seulement réparé en 1902 par Berger et par Schwenkedel en 1946, après les dégâts causés par les bombardements; en 1975, enfin, un nettoyage fut réalisé par Alfred Kern.

Ci-dessus : JONZAC (Charente-Maritime), église.
Console de l'orgue construit par la maison Georges Wenner en 1855.

d'autres professeurs du conservatoire de Paris, plus détachés de son influence que ses élèves, notamment Eugène Gigout, l'Alsacien Léon Boëlmann, Alexandre Guilmant et Charles-Marie Widor, qui utiliseront la vraie couleur et toutes les possibilités de l'orgue symphonique de Cavaillé-Coll.

A la rentrée 1890, après la mort de César Franck, les élèves du Conservatoire voient arriver Charles-Marie Widor, qui dirige la classe jusqu'en 1896. Exécutant rigoureux, passionné de Jean-Sébastien Bach qu'il avait étudié auprès du Belge Jacques-Nicolas Lemmens, Widor tint à Saint-Sulpice, à Paris, le plus grand orgue jamais construit par Cavaillé-Coll. C'est d'ailleurs par l'intermédiaire de celui-ci que Widor avait connu Jacques-Nicolas Lemmens. Il impose très vite un enseignement exceptionnel dont la tenue ne se démentira pas après lui, et place l'école française au sommet absolu de la qualité. L'enseignement, rationaliste avant toute chose, transparaît dans ses dix symphonies pour orgue. Fervent adepte de Cavaillé-Coll, il joue à merveille des subtilités nouvelles de cet orgue symphonique, utilisant des effets colorés que jamais Franck n'eût envisagés. Son langage frise parfois l'académisme, voire le pompiérisme, mais l'effet est certain. L'architecture, toujours présente, supplée à l'absence de génie. Compositeur de symphonies, il associe le concert et l'église, puisque, à Saint-Sulpice, il joue quasi sans interruption une messe en musique où le public s'abandonne à l'écoute de ses interprétations.

Après lui, de 1896 à 1911, Alexandre Guilmant préside aux destinées de la classe. Organiste d'un autre beau Cavaillé-Coll parisien, celui de l'église de la Trinité, il compose lui aussi dans un style assez académique. On trouve dans ses œuvres un emprunt évident au grégorien, le langage même de l'office catholique. A ses travaux de musicologue, il joint des activités importantes de concertiste itinérant. L'un des premiers, en effet, à parcourir le monde, il attire dans les salles ou dans les églises étrangères des foules qui l'acclament, à l'instar de nos grands solistes contemporains. C'est à lui plus qu'à aucun autre que l'orgue doit d'avoir enfin échappé au cycle étouffant de la liturgie et au rôle officiel qu'il jouait à l'église. Enfin, et c'est peut-être là son plus beau titre de gloire, il publie, en collaboration avec le musicologue André Pirro, les *Archives des maîtres de l'orgue* en 1898 et 1914, qui, par un fantastique dépouillement des partitions oubliées, représentent

DINAN (Côtes-du-Nord), église Saint-Malo.
Cet instrument a été construit en 1889 par le facteur anglais Oldknow. Comme il est fréquent en Grande-Bretagne, les tuyaux de façade sont peints.
L'orgue a été reconstruit au milieu des années soixante par les frères Mack de Saint-Brieuc.

Ci-dessus : FONTAN (Alpes-Maritimes).
On ignore l'origine de ce petit instrument qui semble dater du milieu du XIXe siècle. Il est de structure italienne, avec sa façade toute simple et sa composition regroupant sur un clavier des jeux tels qu'on les trouve dans la péninsule depuis la fin du XVIe siècle.

Ci-contre : SAORGE (Alpes-Maritimes), église Saint-Claude.
En 1841, l'église de Saorge contenait un vieil orgue « fatigué et délabré ». On s'adressa pour le remplacer aux frères Lingiardi, facteurs à Pavie, en Italie. L'instrument est achevé en 1847. Outre les accessoires prévus du tambour et de la banda militare, les facteurs ajoutent des timbales et un chapeau chinois.
L'orgue, qui est toujours intact, comprend un clavier et deux séries de jeux comprenant des jeux de ripieno et de concert. Jamais modifié, l'instrument a été restauré en 1979 par Philippe Hartmann.

une mise à jour essentielle de toute la musique d'orgue en France, aux XVIIe et XVIIIe siècles.

En 1911 et jusqu'en 1926, c'est Eugène Gigout qui est le professeur titulaire de la classe. Organiste de Saint-Augustin à Paris, encore sur un orgue de Cavaillé-Coll, il a derrière lui une longue et dynamique carrière d'enseignant à l'école Niedermeyer à Paris. Merveilleux improvisateur, organiste brillant influencé par l'art romantique allemand du piano, il écrit quelques fort belles pages dont une très élégante toccata. Il fut surtout un homme respecté pour la droiture et l'élégance de son caractère, en même temps qu'un très grand professeur. Plus que tout autre, dans la période qui suit la mort de César Franck, il insiste sur l'évidente nécessité du toucher et de l'articulation à l'orgue, se heurtant par là même à l'incompréhension de bon nombre de ses contemporains. Lorsqu'en 1926 il quitte en pleine gloire cette classe, il lègue un splendide héritage à son successeur, Marcel Dupré, qui le maintiendra, jusqu'en 1953, à son plus haut niveau.

Louis Vierne (1870-1937), par son rôle d'exécutant et de compositeur, se situe dans une génération intermédiaire. Avec ce musicien, titulaire du Grand Orgue Cavaillé-Coll de Notre-Dame de Paris, l'école française trouve un langage qui se situe à la jonction du monde symphonique, du postwagnérisme et du modernisme. Blessé par la vie, aveugle, d'une sensibilité d'écorché, ce musicien s'identifie de la façon la plus romantique qui soit avec l'orgue dont il est titulaire. Bien que souvent occupé par de nombreuses tournées, il doit surtout son renom à l'éclat qu'il donne à sa tribune de Paris, miroir fastueux des rêves qui le hantent. Ses six symphonies perpétuent l'héritage de son maître Widor, mais avec plus de génie et moins de vulgarité. En outre, dans ses *24 Pièces en style libre*, comme dans les *Pièces de fantaisie*, il rapproche l'orgue symphonique du piano moderne, singulièrement Debussy de Fauré. Son art est fait d'évocation, de rêves douloureux, et sa souffrance paraît si transparente que certaines pièces en deviennent désespérées, expressionnistes au sens pictural du terme. A l'écoute de certains de ses enregistrements, on peut y découvrir encore l'exécutant qu'il fut : lent, interrogatif, comme s'il était sans cesse à la recherche d'un dialogue entre les pierres de la vieille cathédrale et les claviers de son orgue.

Le XXe siècle : vers une renaissance

L'orgue est mort, vive l'orgue ! Grâce à une pléiade de virtuoses et de compositeurs exceptionnels, le XXe siècle est le théâtre d'une véritable renaissance de la musique d'orgue, de Bach à Olivier Messiaen, de Couperin à Jehan Alain. Tandis que l'orgue symphonique entre dans l'ère du néoclassicisme, la restauration des orgues anciens permet d'écouter avec une fraîcheur nouvelle les littératures organistiques du passé. Mais l'instrument du XXIe siècle est encore à venir !

L'ORGUE NÉOCLASSIQUE

La destinée de l'orgue symphonique sera profondément affectée par la Première Guerre mondiale, dont les conséquences seront toutefois le moteur déterminant d'une autre renaissance. Toute une génération d'organistes, élèves des grandes classes du Conservatoire, disparaît dans les combats. Quant aux églises bombardées, elles se voient privées de leur mobilier, donc de leur orgue qu'il faudra reconstruire dès l'immédiat après-guerre. C'est aux plus jeunes que reviendra l'honneur de prendre la relève, sous la houlette de deux maîtres qui deviendront les pères spirituels de toute

Page d'ouverture : RENNES, église Saint-Hélier.
Cette église d'aspect campagnard, à la périphérie sud de Rennes, possédait deux orgues jusqu'en 1960, l'un dans le chœur, avec un clavier et quelques jeux, le second, en tribune, avec deux claviers et treize jeux.
Le Grand Orgue, en assez mauvais état à la suite des bombardements de la Seconde Guerre mondiale, fut plusieurs fois réparé, et on décida finalement de le remplacer.
Le nouvel orgue fut construit en 1977, en partie par le facteur Yves Sévère du Mans et par Pierre Chéron pour l'harmonisation. L'esthétique choisie ici marque un retour au buffet avec une animation très élégante. En effet, à chaque plan sonore correspond une structure : Positif de dos en bord de tribune, Grand Orgue au fond encadré des deux parties du troisième clavier, dit de résonance. La composition est de trois claviers/pédalier, mais on a ici (comme Isnard l'avait fait à Saint-Maximin-du-Var, au XVIIIe siècle) placé les jeux de Pédale sur ce clavier. On peut donc utiliser ces jeux soit aux pieds, soit manuellement.

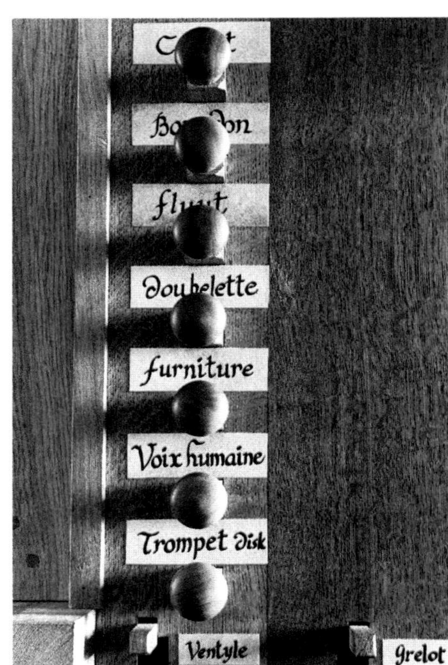

Ci-contre : WEST-CAPPEL (Nord). Détail.
Console de l'orgue restaurée en 1983.

Page de gauche et page 214 : BAZAS (Gironde), cathédrale.
Le premier élément connu d'un orgue à Bazas est lié aux guerres de

une école de tempéraments audacieux : Marcel Dupré et André Marchal, organistes de génie, dont l'influence est restée sensible de nos jours.

La restauration des instruments ruinés, dirigée à partir de 1933 par une commission des Affaires culturelles, subira d'abord la forte influence du vieux Widor et celle de Félix Raugel. Les travaux de rénovation seront conduits dans un esprit conforme à celui qui prévalait avant la guerre, favorable au maintien des orgues symphoniques. Cependant, Félix Raugel, en province, s'intéresse de plus en plus aux anciens instruments qu'il y découvre. Grâce au musicologue Pirro qui avait participé aux travaux de Guilmant lors de l'édition d'œuvres d'orgue, des recherches et des thèses, comme celles d'Yvonne Rokseth ou de Norbert Dufourcq, permettent d'exhumer des archives et des comptes des anciens facteurs classiques. La création de l'Association des amis de l'orgue et la rencontre de ses membres avec un « ancien » de chez Cavaillé-Coll,

Religion quand, en 1561, « les calvinistes détruisirent autels, statues et orgues ».
Vraisemblablement, l'instrument fut remplacé vers 1640, puis fut détruit en 1793.
Après la Révolution, un petit orgue était utilisé. Il fut remplacé, en 1879, par un instrument de type romantique qui fut construit par Wenner, un ancien contremaître de la maison Cavaillé-Coll. En 1948, Robert Boisseau transforma deux jeux de fond en mixture; deux ans auparavant, on avait électrifié la soufflerie.
En 1975, on décida de transformer totalement l'instrument. Le travail est d'abord confié à Serge Groleau, puis à Robert Chauvin, de Dax, qui l'achève. Les buffets sont dessinés par le facteur lui-même, et l'orgue comprend deux claviers/pédalier et vingt-six jeux.

Ci-dessous : WISSEMBOURG (Bas-Rhin), église Saint-Pierre-Saint-Paul.
Orgue de chœur.
Cet orgue fut construit en 1953, de préférence à la restauration du Grand Orgue.
Toute la décoration vient de la disposition des tuyaux. Comme c'était courant à cette époque, il n'y a pas de buffet.
Mais, le son, au lieu d'être mixé, est dispersé, et par ailleurs poussière et gravats abîment les tuyaux.
Ici, la traction (tirage des jeux et des notes) est électrique. Cela a permis de placer la console assez loin de l'orgue, à la croisée du transept. La souplesse que donne l'électricité n'est pas sans inconvénient. Il en résulte un décalage entre le jeu et l'audition.
L'orgue de chœur de Wissembourg comprend deux claviers/pédalier et vingt-deux jeux.

Victor Gonzalez, aidé de son fils Fernand, vont lancer puis accélérer les entreprises de rénovation des instruments. Les orgues de salon sortis des mains de ces facteurs et les ultimes restaurations effectuées avant la Seconde Guerre mondiale à la cathédrale de Reims et à la chapelle de Versailles accentuent le mouvement dit néoclassique. On peut y voir deux tendances. L'une consiste en un retour très personnel à l'orgue baroque français : à la chapelle du château de Versailles, le programme général, les plans sonores du XVIIIe siècle ont été rétablis, mais l'harmonie, la couleur des timbres sont bien celles d'un facteur de 1937. L'autre est une tentative de synthèse : pourquoi ne pas réunir des génies différents, des courants contradictoires dans un même instrument? De Cavaillé-Coll, on conserve les grands ensembles, auxquels on associe les nouvelles acquisitions issues des progrès techniques récents, combinaisons de registres, tirage électrique. Enfin, à tout cela s'ajoute ce néoclassicisme retrouvé et réadapté. L'orgue finalement s'agrandit, ses possibilités techniques sont augmentées, si bien que, dans certains cas, il devient un instrument capable de traduire aussi bien les œuvres de Couperin, de Bach ou de Franck que celles des jeunes maîtres de ce temps comme Jehan Alain, Olivier Messiaen ou Maurice Duruflé, qui en sont les personnalités les plus marquantes.

L'élan est essentiel et s'il pèche, c'est par témérité et par réaction contre ce qui demeurait de tradition classique dans les plus grands chefs-d'œuvre de Cavaillé-Coll. L'Exposition de 1937 marque le sommet de ce courant avec la métamorphose du vieux Cavaillé-Coll du Trocadéro, modernisé par les Gonzalez pour le nouveau palais de Chaillot. L'instrument est devenu mobile, contenu dans une énorme caisse coulissant sur des rails disposés sur la scène. L'ensemble mécanique est remplacé intégralement par

Page de gauche : BERNWILLER (Haut-Rhin), église. Détail de la plate-face.
Malgré son allure baroquisante, l'orgue date du XXe siècle. Il a été construit par Georges Schwenkedel en 1929 et placé dans un buffet sculpté par Gudtman et Ruthman, de Logelbach. Il comprend deux claviers/pédalier et vingt jeux.

Ci-dessus : BURNHAUPT-LE-HAUT (Haut-Rhin), église Saint-Boniface.
L'église de Burnhaupt, victime de la Grande Guerre, fut reconstruite en 1928. L'architecte de l'église dessina également le buffet d'orgue construit par Georges Schwenkedel en 1932. De traction pneumatique (claviers et jeux), il comprend deux claviers/pédalier et vingt-cinq jeux.
On notera l'esthétique de cette façade aux lignes totalement intégrées à celles de l'édifice. Elle n'est pas sans rappeler celle d'orgues de cinémas ou de salles de concerts américains. Les extrémités de la montre, avec les tuyaux placés dans les volutes et les ailes des anges, sont muettes et uniquement là pour le décor.

un système électrique, l'harmonie est résolument néoclassique. Quant au décor, il est saisissant : le buffet étant supprimé, c'est sur un support laqué que s'élève la tuyauterie, disposée à la façon de jets d'eau rappelant les fontaines lumineuses de la façade du palais. Le succès exceptionnel des concerts donnés à Chaillot, surtout par André Marchal qui fait découvrir à tous les amateurs d'orgue l'ensemble de la littérature de l'instrument, prouve la réussite de l'entreprise. Il est vrai que la fascination qu'exerce le décor n'a d'égal que l'émerveillement qu'inspire le génie musical de Marchal. Ce fantastique ensemble, démonté lors des transformations de la salle, se trouve aujourd'hui à Lyon, à la Part-Dieu, où il semble un peu en exil après tant de gloire passée.

Après la dernière guerre, le problème de la reconstruction resurgit tout comme dans les années vingt. Une différence s'impose toutefois dans l'orientation esthétique de ces reconstitutions. A la tendance symphonique, on préfère le néoclassicisme, et la commission des Affaires culturelles impose souvent des « restaurations » type 1937 à ces Cavaillé-Coll encore intacts ou à de vieux orgues XVIIe ou XVIIIe qu'elle veut « améliorer ». Pour les instruments nouvellement construits, le choix de l'orgue sans buffet, pâle copie de celui de Chaillot, se multiplie : à la cathédrale d'Arras, ou à Notre-Dame de Saint-Lô, par exemple, mais sans égaler la qualité des ensembles réalisés avant la guerre.

L'ORGUE NÉOBAROQUE

En 1962, présentant les divers travaux de la commission, Norbert Dufourcq concluait en ces termes : « La restauration d'un orgue ancien a toujours entraîné la vérification, la résurrection des moindres organes qui comptent dans son fonctionnement. Si les rapporteurs, les experts ont d'abord songé à panser les plaies, ils n'ont jamais oublié de compléter l'œuvre; comme l'édifice d'architecture, l'orgue exige un total équilibre entre ses plans sonores... Nos méthodes, nos doctrines se réclament sans doute de la musicologie, de la connaissance de la facture ancienne, du respect pour le passé, mais aussi de la vie du culte et de toute la musique qu'un orgue est appelé à servir. »

Cette profession de foi, que n'eût pas réniée Viollet-le-Duc, « complétant » lui aussi Notre-Dame de Paris, Pierrefonds ou Carcassonne un siècle plus tôt, allait entraîner non seulement des abus et de graves dégâts, mais aussi susciter une vive réaction. Comment pouvait-on rester insensible au fait qu'un orgue français du

milieu du XVIIIe siècle, encore intact, fût « complété » afin de pouvoir jouer une musique, celle de Bach par exemple, que son facteur avait nécessairement ignorée? Était-il possible d'admettre qu'un même instrument à clavier pût parfaitement traduire trois siècles de littérature? Un clavecin « complété » serait alors le truchement idéal de Couperin, Bach, Liszt et Bartok... Enfin, et cela était pire, chaque organiste titulaire, dont le répertoire recouvrait d'autres musiques, d'autres périodes que celles prévues par la composition technique de son instrument, plutôt que d'agir respectueusement devant son orgue, préférait voir celui-ci s'adapter à ses propres exi-

GÉRARDMER (Vosges), orgue de chœur.
Ce petit orgue est typique de l'esthétique des années cinquante. L'ensemble est compact, en partie compris dans un buffet encadré par les tuyaux de bois de la soubasse de Pédale. La console est séparée, face au chœur, et la traction en partie mécanique (notes) et électrique (jeux).

IN TYMPANO

IN CHORDIS
ET ORGANO

gences, lesquelles, en certains cas, coïncidaient avec celles de sa carrière. On ne traitait plus l'orgue néoclassique comme un jalon essentiel de l'histoire de la musique occidentale, mais comme un instrument à tout faire, sans discernement. Cette démarche aboutit à la réalisation d'orgues hybrides, assez proches parfois des pires produits américains, cependant que de nombreuses polémiques divisaient le monde musical.

Parallèlement, en effet, un courant lancé par Michel Chapuis, qui allait être relayé par tout un groupe de jeunes organistes et musicologues, découvrait les splendeurs d'orgues heureusement oubliés par les Affaires culturelles et ses méfaits restaurateurs. Il était évident, à entendre jouer les orgues de Houdan, de Poitiers, de Saint-Maximin, dans le Var, ou de Dole, pour ne citer que quelques exemples admirables, que la musique baroque prenait soudain une fraîcheur que nos instruments contemporains parvenaient difficilement à restituer. Des modestes instruments de campagne, par leur qualité, ressuscitaient dans des œuvres comme celle de Grigny, de Marchand ou de Couperin des sonorités presque oubliées. Grâce au disque, à la radio, Bach ou Buxtehude joués sur des orgues nord-européens gagnaient une clarté insoupçonnée.

Peu à peu, la lecture des vieux traités (ah, ces polémiques sur Mersenne ou dom Bédos!) et la connaissance de certaines restaurations étrangères donnaient une dimension nouvelle aux couleurs, aux timbres. Bien plus, avec l'utilisation de la mécanique, de nombreux artistes pouvaient affirmer, telle Marie-Claire Alain, que l'orgue, comme le clavecin, était un instrument à clavier au toucher expressif. L'attention fut attirée sur quelques Cavaillé-Coll en état, dont la qualité incomparable demeurait intacte à condition qu'on ne veuille pas leur faire subir une cure d'adaptation au répertoire universel.

Heureusement, le point de départ de cette renaissance fut la restauration, dirigée par Michel Chapuis et Alfred Kern, de l'orgue de Saint-Séverin, à Paris. Sa perfection musicale et mécanique rendait soudain caducs tous les instruments produits après la guerre. Un courant s'amorça qui permit ensuite à Notre-Dame-des-Blancs-Manteaux et à Saint-Germain-des-Prés de posséder des orgues nouveaux dignes de ce nom. La province suivit, ainsi que la commission des Affaires culturelles, rajeunie malgré son conservatisme bon teint. Les plus belles réussites furent Saint-Maximin de Thionville et, récemment, la cathédrale de Strasbourg.

Une question cependant se posait et se pose toujours. Si l'on postule qu'il existe non pas un, mais des orgues correspondant, ici, à la littérature baroque française, là, à l'écriture allemande, ailleurs au romantisme, le problème demeure entier lorsqu'il s'agit de créer un instrument nouveau. A Notre-Dame-des-Blancs-

Manteaux, le facteur, sans prendre référence à la facture ancienne, a réalisé un orgue adapté à la littérature allemande, essentiellement celle du XVIIe siècle. Mais que faire pour l'Italie, la France du XVIIIe ou pour le XIXe siècle?

Un certain nombre d'orgues ont été construits depuis, comme celui de Saint-Donat, qui correspondent, foncièrement au répertoire de Jean-Sébastien Bach, puisqu'il est impensable de ne pou-

Double page précédente :
SAINT-RÉMY-DE-PROVENCE (Bouches-du-Rhône), église.
Cet orgue a été reconstruit vers 1980 dans l'esprit d'origine par Pascal Quoirin. Entièrement mécanique, il comprend trois claviers/pédalier et soixante et un jeux.

Ci-dessus, à gauche : BEAUVAIS (Oise), cathédrale Saint-Pierre.
L'orgue comprend quatre claviers/pédalier.

Ci-dessus, à droite : DIJON (Côte-d'Or), Notre-Dame.
Buffet néogothique de Glys.

Ci-contre : COLMAR (Haut-Rhin), église Saint-Martin.
Orgue de chœur.
Outre un Grand Orgue de type baroque du nord de l'Allemagne construit dans un buffet Silbermann de 1755, Saint-Martin de Colmar possède un remarquable instrument placé à gauche du chœur. Daté de 1975, celui-ci marque l'intérêt porté à l'esthétique baroque de l'Europe du Nord. On a ajouté, à cette très nordique superposition des deux claviers manuels, une régale (anche) en chamade qui évoque l'Espagne baroque. Cependant, ce mélange est de plus en plus fréquent de nos jours, le jeu en chamade, horizontal, conservant mieux son accord, parlant plus directement vers les auditeurs et présentant moins de difficultés quand il faut l'accorder. Le buffet, neuf, a été édifié avec des fragments de confessionnaux de style néogothique du XIXe siècle. L'orgue est l'œuvre de Schwenkedel, aidé de Tricoteaux et Lhôte. Il comprend deux claviers/pédalier et treize jeux.

Page de droite : MASEVAUX (Haut-Rhin), église Saint-Martin.
Grand Orgue.
Le plus grand orgue produit fut construit ici en 1842 par les frères Callinet. Multiplié en largeur, accumulant tourelles et plates-faces, cet orgue comprenait quatre claviers/pédalier et cinquante-trois jeux. Cet instrument était réputé pour la qualité de son harmonie, la voix humaine était particulièrement célèbre. Le 27 juin 1966, le feu détruit l'orgue et en grande partie l'église. Sur des plans de Michael Chapuis, Alfred Kern reconstruisit un nouvel orgue en 1957. Celui-ci comprend quatre claviers/pédalier et quarante jeux. La disposition est très classique, mais on notera la place des jeux du quatrième clavier (écho) dans la tour de l'église, derrière l'orgue.

voir interpréter son œuvre. Ailleurs, comme Kleuker à l'Alpe-d'Huez ou Yves Sévère à Saint-Hélier de Rennes, des facteurs s'essaient à un instrument où l'harmonie, le toucher, les plans sonores correspondent à un nouvel équilibre, lequel pourrait tenter un compositeur contemporain. On doit s'interroger à présent sur le sens esthétique de bon nombre de facteurs d'orgues contemporains en France, et au-delà des frontières également, qui refont plus qu'ils ne créent des orgues nouveaux. Jamais, au XIXe siècle, du moins au début de sa carrière, Cavaillé-Coll n'a imaginé copier l'orgue baroque : il a pensé en homme de son temps, persuadé avant tout de pouvoir réaliser l'orgue de l'avenir. Son œuvre est profondément restée celle d'un homme du XIXe siècle. Aujourd'hui, en abordant la construction d'un orgue, la plupart des facteurs interrogent le passé qu'ils ressuscitent avec splendeur. On peut néanmoins espérer, grâce au goût du public et au nombre croissant des jeunes organiers, que l'esprit créatif évoluera, qui imposera enfin l'orgue de la fin du XXe siècle.

Une dernière réflexion s'impose : le goût pour l'orgue et son rôle. Depuis Vatican II et ses réformes, l'Église rejette souvent cet instrument du culte. De combien de tribunes sont expulsés leurs titulaires au profit de joueurs de guitare? Et si on continue de jouer de l'orgue dans certains églises, c'est parce que le clergé y voit, par des concerts, un moyen extra-liturgique d'attirer la foule. L'orgue abandonne donc les nefs, alors que le nombre des organistes augmente, parfois au profit de particuliers prêts à se ruiner pour orner leur salon d'un petit instrument à tuyaux.

Si le cinéma avait su, et avec quelle verve, attirer l'orgue dans les salles obscures, il l'en a malheureusement banni avec le parlant. Un chef-d'œuvre comme l'orgue du Gaumont-Palace, heureusement et pieusement conservé au pavillon Baltard de Nogent-sur-Marne, en est le vivant témoignage. Pour les salles de concerts, on touche quasiment le fond de l'abîme. A Paris, chacun des lieux de prestige a été soigneusement dépouillé de son orgue, et seul le Studio 104 de la Maison de la radio est maintenu, avec une mission essentielle de création. En province, seule la salle de la Part-Dieu à Lyon conserve un orgue de concert; la plupart du temps, on joint à l'orchestre un ersatz électronique...

Les médias, les concerts, les classes de conservatoire prouvent l'attirance de tous pour cet instrument. Le nombre des musiciens et des facteurs a d'ailleurs confirmé, tout au long de la longue évolution de l'orgue, qu'il est un élément essentiel de notre culture. Devant ce succès, cet accueil, ce désir, on en peut qu'espérer...

LES ORGANISTES CONTEMPORAINS

La longévité de Widor, le succès éclatant de ses disciples directs, l'omniprésence de pages fameuses, comme la toccata de la cinquième symphonie *(Sinfonia sacra)*, ne doivent pas occulter la richesse du XXe siècle naissant. Les tribunes parisiennes continuent à être le lieu privilégié où s'imposent les grands noms. Mais de nombreuses questions commencent à se poser, d'autant plus évidentes que Mutin, le successeur de Cavaillé-Coll, perpétue plutôt les défauts que les qualités de la facture du maître. La lecture des partitions classiques ressuscitées par Alexandre Guilmant, les déplacements et les échanges d'artistes, les découvertes dues à l'électricité, utilisée parfois de manière farfelue, poussent certains organistes comme Jean Huré, le successeur d'Eugène Gigout à Saint-Augustin, à réfléchir sur l'opportunité d'une nouvelle définition de l'orgue. On verra de même Charles Tournemire, organiste de Sainte-Clotilde et compositeur éminent, imposer des transformations à l'instrument célèbre, dont il reconnaîtra ensuite n'être pas complètement satisfait. Il faudra attendre les années trente pour que ces événements épars aboutissent à une vaste remise en cause.

En réaction à cette musique interprétée pour accompagner, comme une sorte de « remplissage agréable », des offices où les fidèles ne suivent plus les textes d'un prêtre qui officie à voix basse, Charles Tournemire apparaît en réformateur. Elève de Franck à qui il succède, après Gabriel Pierné, à l'orgue de Sainte-Clotilde,

c'est en mystique qu'il se passionne pour le grégorien. Tout comme Debussy et Ravel, il retrouve dans ce vieux chant liturgique l'emploi de la modalité, écriture musicale dont la pureté remonte au Moyen Age. Cet art vocal, utilisé surtout dans les offices monastiques, correspond, par ses pièces, à tous les moments liturgiques des jours,

STOSSWIHR (Haut-Rhin), église Sainte-Marie-Auxiliatrice.
Malgré un buffet de type baroque aux éléments anciens vraisemblablement récupérés, l'orgue de l'église catholique de Stosswihr date bien du XXe siècle. Œuvre de Joseph Rinckenbach, il fut inauguré en 1926.
Comme c'était fréquent dans les années qui suivirent la Première Guerre mondiale, l'esthétique de cet instrument était symphonique, visant, sur quelques jeux, à reconstituer un Grand Orgue de cathédrale romantique. Étant donné ses dimensions, une telle composition limitait le répertoire; aussi, en 1974, Alfred Kern transforma-t-il quelques jeux et en ajouta-t-il d'autres, orientant vers la polyphonie classique les possibilités de cet orgue. Il comprend deux claviers/pédalier et douze jeux.

hors de toute emphase romantique et ignorant les contraintes de l'harmonie classique. Tournemire va découvrir la possibilité d'une modernité épurée, en même temps qu'une moisson de thèmes qui seront les supports de sa réflexion musicale et spirituelle. Improvisateur-né, il place son livre de grégorien sur le pupitre de l'orgue et brode autour des thèmes du jour en suivant les grandes articulations de l'office. Peu à peu, il va en tirer une somme de musique qu'il transcrira et publiera.

Dans son œuvre essentielle, *L'Orgue mystique*, il propose, en d'innombrables paraphrases, une sorte de tapisserie musicale destinée au temps liturgique.

Il faut ajouter qu'il reprenait, en l'amplifiant, une démarche musicale et spirituelle qui avait déjà été celle de Gigout, lui aussi en réaction contre les mondanités de Widor et retrouvant, sans

Page de gauche : PONT-L'ÉVÊQUE (Calvados), Grand Orgue.
Cet orgue, construit par Haerpfer-Erman, a été édifié après la restauration de l'église, bien endommagée par les bombardements de 1944. Daté de 1955, il est disposé sur deux claviers/pédalier, possède plus de vingt jeux et est entièrement électrique. Malheureusement dépourvu de buffet, il a beaucoup souffert des poussières de pierre, et des contacteurs furent rongés par l'humidité ambiante due au climat maritime.
Il est actuellement impossible de l'utiliser.

Ci-dessus : ROSEL (Calvados), orgue de salon.
Ce petit orgue (Positif construit par Yves Sévère en 1978) est le type même de ces nombreux instruments de salon très prisés par les amateurs et les organistes. Il comprend un clavier/pédalier et sept jeux. Sa mécanique très précise autorise un contrôle du toucher et de l'exécution; quant aux jeux, découpés en basse et en dessus, ils permettent de nombreuses combinaisons sonores. On notera l'extrême élégance du buffet et des tuyaux, où se mêlent les couleurs du cuivre et de l'étain.

en être totalement conscient, les préoccupations de Titelouze et des vieux maîtres du XVIIe siècle.

Son influence spirituelle marquera Olivier Messiaen. Mais elle s'épanouira musicalement avec bonheur dans l'œuvre de Maurice Duruflé (1902), organiste de Saint-Etienne-du-Mont. Chez ce très grand compositeur d'origine normande, le grégorien est le support essentiel d'un langage personnel qui, avec un génie déconcertant mêle au modal toutes les trouvailles de l'harmonie la plus poussée. Cela apparaît dans des œuvres pour grande formation, comme le *Requiem* pour soli, chœur, orgue et orchestre, mais aussi dans ses vastes pièces instrumentales comme le triptyque sur le *Veni Creator*. Célèbre professeur d'écriture au Conservatoire, Duruflé influencera à son tour nombre de musiciens, là encore hors de la stricte discipline organistique. On ne peut oublier son admiration et sa fidélité à son maître, dont il restitue des improvisations en recopiant ces œuvres éphémères à l'écoute d'un disque!

Quasiment de la même génération, André Marchal (1894-1980) n'a pas laissé d'œuvre écrite, mais son rôle dans l'évolution de l'orgue fut déterminant. Elève de Gigout, il occupa une tribune prestigieuse, Saint-Eustache de Paris, dont il fut évincé d'une façon peu glorieuse pour ceux qui participèrent à cette scandaleuse opération. Avec l'aide du facteur Victor Gonzalez, il effectua un premier retour aux sonorités baroques, ébauchant un courant qui allait porter ses fruits après la guerre. Par ses improvisations, il continuait les efforts de Tournemire et de Duruflé, insistant sur le rôle parallèle de l'orgue et du déroulement liturgique. Surtout, grâce à ses fréquentes tournées à l'étranger, à ses innombrables enregistrements, à ses concerts au palais de Chaillot, il allait permettre aux nouvelles générations de redécouvrir l'orgue classique. On aurait tort de limiter son art à ces interprétations où il excellait. Continuateur de son maître Gigout, grand professeur lui-même, il savait apporter par son toucher, par son sens inné de la musique et des articulations, une vie nouvelle à tout ce qu'il jouait. Le plus bel exemple, peut-être, nous en est resté avec ses enregistrements de César Franck, dépoussiérés d'un pathos écrasant, qui sont encore de nos jours une référence indispensable.

Marcel Dupré (1886-1971) fut sans doute le plus étonnant improvisateur de son temps. Sa virtuosité à construire instantanément les formes les plus complexes de la musique a sans doute éclipsé les autres qualités d'un organiste qui a imposé pour longtemps sa marque à l'école française d'orgue. Compositeur, professeur au

Page de droite : MEUNG-SUR-LOIRE (Loiret), église.
Orgue datant du milieu du XIXe siècle et construit par John Abbey. Il fut modernisé en 1963 par Hartmann qui supprima une partie des buffets.

Conservatoire où il a succédé à Gigout, il a propulsé au premier rang la plus belle génération d'élèves dont un maître puisse s'enorgueillir. Organiste de Saint-Sulpice à Paris, où il a remplacé Widor, Marcel Dupré demeure un maillon essentiel de l'histoire de l'orgue français au XXe siècle.

Professeur, il a su donner à ses élèves un double enseignement : l'improvisation, où chacun manie toutes les formes musicales utilisées à l'orgue, des origines à Bach et de Bach à Widor, et l'exécution, domaine où tous les premiers prix issus de sa classe se distinguèrent. Compositeur, son œuvre a gardé quelque chose d'académique dans les préludes et les fugues. Mais, et c'est sans doute la meilleure part de sa contribution à la musique de son temps, l'improvisateur transparaît dans la transcription de vastes fresques, comme la *Symphonie-Passion* et *Le Chemin de la Croix*.

Musicien d'une virtuosité légendaire, il marquait de toute sa personnalité chacune de ses interprétations, s'obligeant à des prouesses techniques inégalées. Très attentif à la notion du legato, autoritaire jusqu'à l'absolu dans l'exécution de certaines pages, il perpétue les enseignements de Widor ou de Guilmant. Lui aussi s'est intéressé à l'évolution de l'orgue, tout en demeurant fidèle aux colorations symphonistes qui avaient marqué son enfance bercée par les grands Cavaillé-Coll de Rouen. On peut s'interroger parfois sur les qualités musicales de certaines de ses pages, totalement dominées par un souci d'architecture, et même s'en étonner, à l'écoute de certains de ses disques dont il faut remarquer qu'ils n'ont pas bénéficié de prises de son de qualité. On ne peut néanmoins

qu'admirer le magnifique héritage qu'il a laissé. Grâce à lui, jamais, peut-être, l'orgue français n'a brillé d'un tel éclat.

La liste des élèves de Marcel Dupré réunit tout ce qui, après lui, aura un nom, et cela bien au-delà de nos frontières. La liste est si vaste qu'on ne peut opérer qu'un choix nécessairement restrictif. Deux musiciens majeurs vont cependant se détacher par leur personnalité, mais aussi leur rayonnement, qui s'étendra à tout le domaine musical : Jehan Alain et Olivier Messiaen.

Jehan Alain, frère de l'organiste Marie-Claire Alain et d'Olivier Alain, inspecteur de la musique, musicologue et compositeur, fut sans doute l'un de nos plus grands créateurs. Prodigieusement doué, il improvisait avec un sens aigu de l'audace et de l'ironie, traits

Page de gauche : ARRAS (Pas-de-Calais), cathédrale Saint-Vaast.
Orgue qui concilie le classicisme et un décor moderne.

Ci-dessus : SOISSONS (Aisne), cathédrale Saint-Gervais et Saint-Protais.
Construit après 1945, l'orgue est de style néoclassique.

de caractère qui se retrouvent dans les dessins qu'il a laissés. Sa mort prématurée, survenue au début de la dernière guerre, ne lui a permis de nous léguer qu'une production très restreinte mais qui ne compte que des chefs-d'œuvre. Jehan Alain était animé d'une curiosité insatiable qui transparaît, entre autres, dans sa recherche des sonorités. Son œuvre d'orgue nous révèle toutes les facettes de cet esprit supérieur : tantôt ironique comme dans la *Berceuse sur deux notes qui cornent*, tantôt exotique comme dans *Le Jardin suspendu* et dans les deux *Danses à Agni Yavishta*, tantôt, encore, baroque avec les *Variations sur un thème de Clément Janequin*. Son exigence métaphysique ne l'empêche pas de mêler avec audace les éléments du quotidien à certaines de ses recherches sonores, comme le rythme des roues du train Paris-Saint-Germain-en-Laye, qui apparaît dans les *Litanies*. Et c'est en visionnaire qu'il écrira ses ultimes *Trois Danses*. Que ce soit par le renouveau du sens rythmique, par le jeu des couleurs d'un orgue classique français pour lequel il se passionne ou par les audaces de ses constructions harmoniques, Jehan Alain a su créer un univers musical singulier, un style qui dominera son temps. La force, l'élégant détachement qui caractérisent sa musique lui assurent une originalité certaine.

Le parcours d'Olivier Messiaen est tout autre. Né en 1908, titulaire de l'ancien orgue de Guilmaut en l'église de la Trinité à Paris, il fait d'abord figure de révolutionnaire. Mystique, rythmicien, « ornithologue », comme il se décrit lui-même, il construit une œuvre de grande envergure où l'orgue a certes sa part, mais qui aborde tous les moyens d'expression musicaux. S'il apparaît comme l'héritier des grands symphonistes et en particulier de ses maîtres Paul Dukas et Marcel Dupré, il va cependant peu à peu opérer une mutation qui l'entraînera vers des recherches fondamentales. Son art flamboyant joue sur la couleur même des timbres de son orgue Cavaillé-Coll qu'il a fait enrichir de quelques jeux baroques, et trouve l'essentiel de son inspiration dans « les chants d'oiseaux, la foi catholique et les rythmes et les modes des musiques traditionnelles de l'Inde, de Bali et du Japon ». Ses pages majeures sont sans doute *Les Corps glorieux*, le *Livre d'orgue*, et la *Messe de la Pentecôte*, mais il est indispensable, pour bien se pénétrer de sa pensée musicale, d'écouter *La Nativité* ou les *Méditations sur le mystère de la Sainte-Trinité*, une des dernières œuvres de ce franciscain laïque de l'orgue français.

Page de droite : GUITRES (Gironde), ancienne abbatiale. *L'orgue, construit par Beuchet-Debierre en 1976, comporte deux claviers/pédalier et de vingt-sept jeux. Cet instrument, posé à même le sol, exprime bien les préoccupations esthétiques contemporaines, adaptant une structure moderne à une architecture médiévale.*

La grandeur du message et de l'enseignement de Marcel Dupré a permis à bien d'autres personnalités de s'affirmer. Parmi les plus importantes, on doit isoler l'admirable univers de Jean Langlais (1907), volontairement varié mais si marqué par la modalité, la force architecturale de Gaston Litaize (1909), toujours lié à la liturgie concertiste et grand professeur pour toute une génération, parfois même pour des musiciens attirés par d'autres instruments que l'orgue. Le flambeau de Marcel Dupré, pour l'enseignement et la

BACCARAT (Meurthe-et-Moselle), église Saint-Rémy.
L'église de Baccarat a reçu un orgue en 1876, construit par les facteurs lorrains Jacquot et Jeanpierre. Cet instrument fut reconstruit en 1929 par Jacquot, puis à nouveau totalement repris dans les années soixante. Dans une esthétique très marquée par les années trente, l'orgue se présente dépourvu de buffet, seuls la façade et l'alignement des bouches des tuyaux forment un décor.
Il faut noter de la part de ceux qui ont conçu cet instrument un parti de simplicité.

composition, a été relevé par Rolande Falcinelli, compositeur fécond elle aussi, qui est l'actuelle titulaire de la classe d'orgue au Conservatoire. Comment oublier enfin l'enfant que fut Pierre Cocherau ? Improvisateur éblouissant, domaine où il égalait certainement un Marcel Dupré, il a, par le rayonnement qu'il a apporté à sa tribune de Notre-Dame de Paris, ses concerts, ses disques, sa personnalité multiple, attiré à l'orgue un très vaste public. Grâce à lui, sans aucun doute, l'orgue est devenu ou redevenu un instrument populaire.

Cependant que le jazz, et avec lui des types nouveaux de couleurs, de rythmes et d'harmonies apparaissent dans les années trente, l'orgue de cinéma remplit de ses amples sonorités quelques salles obscures. Il faut ici signaler le rôle éminent de Tommy Desserre à l'orgue du Gaumont-Palace jusqu'en 1960.

En réaction contre la pompe trop envahissante de l'orgue symphonique, et grâce aux recherches nouvelles de la facture, l'orgue s'engage à partir de la dernière guerre dans de nouvelles

voies. Grâce aux échanges avec l'étranger, à la diffusion du disque, on assiste à la découverte de l'univers baroque. Peu à peu, la lecture des vieux traités de facture et des archives, l'audition d'instruments anciens remettent en cause les certitudes esthétiques. Très souvent des organistes, passionnés par leur instrument, vont vouer leur existence non plus à la composition, mais à la redécouverte de la musique du passé, et cela en fonction exclusivement des orgues pour lesquels elle a été composée. Cette mise à plat historique, particulière à notre époque, s'apparente au *Musée imaginaire* d'André Malraux. Ainsi coexistent de nos jours Titelouze,

ROYAN (Charente-Maritime), église.
Commencé par Robert Boisseau entre 1960 et 1968, le Grand Orgue fut achevé en 1980 par Jean-Loup Boisseau. Il comprend trois claviers/pédalier et quarante-sept jeux. A noter que sa structure, malgré son modernisme apparent, est toute classique.

Couperin, Franck, Jehan Alain. Or il a été, à présent, amplement démontré que ces musiciens ont écrit pour un instrument déterminé, et non pour l'orgue en général. Aborder ces œuvres dans un esprit de synthèse est l'objet des recherches de Michel Chapuis, ou de André Issoir, ainsi que de Marie-Claire Alain. Cependant que d'autres, tel Louis Thiry, juxtaposent cette recherche à une démarche de la plus grande modernité, en réalisant par exemple l'enregistrement intégral des œuvres d'Olivier Messiaen.

Une seule question se pose, où situer l'orgue-instrument dans l'évolution contemporaine ? Ne crée-t-on pas aujourd'hui des structures sonores qui eussent ravi les compositeurs du XVIIe ou du XVIIIe siècle ? Mais de nos jours... il est évident que face à un tel défi, l'enjeu est de taille. Si Daniel Roth, qui fut organiste du Cavaillé-Coll du Sacré-Cœur de Montmartre avant d'être titulaire de celui de Saint-Sulpice, semble plus qu'attiré par l'esthétique symphonique, cela transparaît dans son œuvre. En revanche, Jean-Pierre Leguay possède une écriture de musique « pure » qui n'impose pas un type d'orgue spécifique, et l'on pourrait en dire de même pour Raffi Ourghandjian qui récuse toute mode esthétique. Le langage personnel de Jacques Charpentier ou de Michel Fischer, organiste de Notre-Dame-de-la-Gare, à Paris, laisse néanmoins transparaître des préférences qui les attirent vers une esthétique encore marquée de néoclassicisme.

La Maison de la radio possède à Paris, au studio 104, le seul orgue de concert de salle publique de la capitale. Cet instrument, malgré une esthétique néoclassique très accentuée, est cependant le point de rencontre exceptionnel où chaque hiver une nouvelle page de l'histoire de l'orgue français est tournée. Des organistes y interprètent non seulement leurs œuvres, mais aussi les pages de musiciens contemporains, comme Gilbert Amy, Jacques Lenot ou Édith Lejet... Ces organistes et ces compositeurs, qui réunissent leurs compétences et leurs préoccupations, profitent du rayonnement exceptionnel dont jouissent la Maison de la radio et son grand auditorium ; l'accueil public est là pour nous prouver que l'orgue évolue avec son temps, que demeure la passion toujours plus grande pour ce vieil instrument à tuyaux, un peu mystérieux, et dont le charme n'est pas près de s'éteindre.

Page de gauche : GUEBWILLER (Haut-Rhin), église Saint-Léger. *Cet orgue très récent (1982) est l'œuvre de Gaston Kern. Architecturalement, il est une synthèse des styles alsacien et nordique. Il a pris à l'Alsace le rythme des quatre tourelles ; au Nord de l'Europe, il a emprunté le Positif pectoral au-dessus de la console. Certains de ses jeux proviennent de l'ancien orgue XIXe, œuvre de J. Frédéric Verschneider. Il comprend deux claviers/pédalier et dix-huit jeux.*

G
E
F
B
C
D
A

FACTEURS D'ORGUES

LES CLICQUOT

Cette dynastie est d'origine rémoise, apparentée aux producteurs de vin. Le premier, Nicolas, a pour gendre le facteur parisien Étienne Enocq, qui l'attire vers la capitale. Son fils, Robert (Reims 1645 - Paris 1719), épouse Marie Colbert, cousine de Jean-Baptiste Colbert, ministre du roi Louis XIV. Il s'établit d'abord à Reims avant de venir à Paris. Ses travaux s'étendent autour de Paris et en province : Épernay, château de Versailles, cathédrale de Rouen, Saint-Pierre de Lyon, cathédrale de Soissons, Saint-Quentin, Blois, Laon.

Son fils aîné, Jean-Baptiste-Simon, l'assiste dans un premier temps, puis travaille seul. Louis Alexandre († 1760), son second fils, construit aussi beaucoup autour de paris (Mitry-Mory, Houdan, Saint-Roch à Paris, Saint-Louis de Versailles). Le troisième fils de ce dernier, François-Henri (1732-1790), est l'un des plus grands facteurs du XVIIIe siècle. Expert, auteur d'une *Théorie pratique de la facture d'orgue*, il achève des travaux de son père et construit à Saint-Louis de Versailles, Soissons, Nantes, Pontoise, Poitiers, Notre-Dame de Versailles, Meaux, Saint-Sulpice et Notre-Dame de Paris.

LES HÉMAN

Originaire du Nord, cette famille a beaucoup travaillé à Paris entre 1600 et 1650. Liés à Titelouze, ses membres répandent l'orgue de type normand, sur lequel ils expérimentent de nouvelles techniques, en relation avec le théoricien Mersenne.

Valéran de Héman (1584-1640) travaille à Rouen, Troyes, Meaux, Notre-Dame de Paris. Ses neveux entrent dans son atelier : Louis († 1645), François († 1652), Jean († 1660).

On trouve trace de leurs travaux à Mitry-Mory, Saint-Médard et Saint-Merri de Paris, Saint-Maclou de Rouen, à la cathédrale du Mans, à Châlons, Chartres, Ivry-sur-Seine et à la cathédrale de Rouen.

Type d'orgue de seize pieds en montre ordinaire. A) Massif; il comporte une fenêtre au centre pour poser les claviers; B) corniche du massif; C) frise; D) architrave; E) tourelle; F) plates-faces; G) entablement au-dessus des tourelles.

LES THIERRY

Cette famille est parisienne. Son fondateur, Pierre (1604-1665), est le fils d'un savetier. Valet de l'organiste de la Sainte-Chapelle, il fait ensuite son apprentissage chez Valéran de Héman, puis chez Crespin Carlier. Il travaille à Pontoise, Saint-Denis, Rouen, Lagny et à Paris, à Saint-Germain-l'Auxerrois, Saint-Séverin, Notre-Dame, Saint-Jean-en-Grève, Saint-Gervais, Saint-Sulpice, et surtout à Saint-Germain-des-Prés dont l'orgue sera achevé par ses fils. Jean (1637-1689) travaille à Saint-Pierre de Chartres, puis abandonne le métier; Charles (1641-?) achève Saint-Germain-des-Prés, et se retire aussi de la facture. Alexandre (1646-1699), enfin, est le plus grand organier de son temps. Il travaille ou construit entièrement à Paris : Saint-Gervais, Saint-Jean-en-Grève, la Sainte-Chapelle, Notre-Dame, l'abbaye de Saint-Victor, Saint-Louis des Invalides, Saint-Quentin et Saint-Germain-en-Laye.

François (1677-1749), le fils de Jean, est le dernier, mais peut-être le plus grand facteur d'orgue de la famille. Il travaille à Orléans, Soissons, Rouen, Dieppe et surtout à Notre-Dame de Paris, son chef-d'œuvre.

JOSEPH ET NICOLAS DUPONT

Ces facteurs travaillent entre 1740 et la Révolution, dans l'est de la France, singulièrement en Lorraine. A partir de 1755, Joseph travaillera seul. On leur doit les grands instruments de Toul, Verdun, Nancy et Lunéville. Ils adoptent une esthétique décorative très rocaille, visant à mettre en valeur parfois, par une sorte de vide, le centre de leur composition, alors qu'ils multiplient les lignes courbes entre les diverses tourelles.

MOUCHEREL

Christophe (Toul 1686-1761) et son frère Claude (Nancy 1699-1746) travaillent en Lorraine, puis Christophe descend en Languedoc. Il construit notamment les orgues d'Albi, de Boulbonne (aujourd'hui à Cintegabelle) et de Narbonne. Il aime les façades monumentales qu'il rythme fortement en multipliant jusqu'à près d'une dizaine le nombre des tourelles. Ses orgues tiennent toute leur qualité de cette grande largeur qui embellit l'acoustique et des vastes structures de boiseries.

LEFÈBVRE

Famille de facteurs établis à Rouen. Jean Lefèbvre y travaille dès 1650. On compte cependant de nombreux autres Lefèbvre au XVIIe siècle dans d'autres provinces de France, avec lesquels les liens de parenté ne sont pas certains. Pour les Lefèbvre normands, on sait que l'un d'eux devra s'exiler au XVIIIe siècle, à la suite « d'une mauvaise affaire ». Éloigné au plus loin par sa famille, il construira des orgues à Carthagène et en Colombie.

Le plus grand représentant de ces facteurs rouennais est, au XVIIIe siècle, Jean-Baptiste-Nicolas Lefèbvre, à qui l'on doit entre autres deux instruments gigantesques : Saint-Étienne de Caen (1742) et Saint-Martin de Tours (1761). Ce dernier a totalement disparu à la Révolution. Quant à celui de Caen, il a été modifié par Cavaillé-Coll au XIXe siècle. Ces instruments étaient sans doute les plus vastes et les plus remarquables, en France, au XVIIIe siècle.

LES ISNARD

Ces facteurs travaillent d'abord dans le Midi, puis, par le jeu des circonstances et des commandes, remontent jusque dans l'ouest de la France. Jean-Esprit Isnard (1707-1781) était un frère dominicain. Il commence sa carrière dès 1740 à Toulouse. On le rencontre à Aix, Tarascon, Marseille, Albi, soit pour édifier des instruments, soit pour en réparer. Son chef-d'œuvre, qui nous est resté, est le grand orgue de Saint-Maximim du Var, achevé en 1773. Il a formé ses neveux Jean-Baptiste et Joseph. Le premier cons-

En haut : orgue de Beaumont-sur-Sarthe. Ci-dessus : orgue de Saint-Céré (Lot).

premier construit à Blois, Loches, Saint-Calais, quant au second, s'il œuvre à Nogent-sur-Seine, Bordeaux et Tarascon, il nous laissera surtout le magnifique instrument de Pithiviers, construit entre 1784 et 1786. Ses travaux à Bordeaux datent du début du XIXe siècle puisqu'il y fait l'échange des orgues de Sainte-Croix et de la cathédrale en 1810.

LES L'ÉPINE (ou LÉPINE)

Ces facteurs travaillent au XVIIIe siècle, essentiellement dans le Sud-Ouest. Cependant, on rencontrera le dernier de la dynastie dans la capitale. Adrien travaille à Bordeaux. Son frère Jean-François Ier s'installe à Toulouse en 1725, puis à Albi, Rodez, Toulouse et Lodève. Il est en contact avec Isnard et Cavaillé. Jean-François II,

Signatures de la maison Cavaillé-Coll, père et fils. Sans aucun doute la plus célèbre dynastie de facteurs d'orgues.

son fils, se fixe à Pézenas. Il travaille avec Isnard et Dom Bédos. Ses ouvrages se rencontrent à Pézenas, Béziers, Narbonne, Montpellier. Son frère, Adrien, s'installe à Paris; il épousera la sœur de François-Henri Clicquot. Il œuvre à Nantes, à Saint-Médard à Paris à l'École militaire et à Brie-Comte-Robert. Il construit des clavecins et présente à l'Académie des sciences un piano à deux claviers, l'un de piano-forte, l'autre d'orgue.

LES SILBERMANN

Cette famille, originaire de Saxe, s'est fixée à Strasbourg. Parmi les trente-cinq orgues répertoriés, André Silbermann construit entre autres les instruments de Marmoutier (1710) et d'Ebersmünster (1732). Son frère, Gottfried (1683-1753), qu'il forme, retourne en Saxe où il construit des orgues, mais aussi d'autres instruments : il est particulièrement apprécié par Jean-Sébastien Bach.

C'est Jean-André (1712-1783) qui succède à son père André. Il construit cinquante-sept instruments en Allemagne, en Suisse et en Alsace. Avec son troisième frère, Jean-Daniel, il travaille surtout en Alsace, alors qu'avec ses cousins, Jean-Gottfried et Jean-Henri, il pousse ses chantiers outre-Rhin, singulièrement à Arlesheim en Suisse et à Baden-Baden.

RIEPP

Charles-Joseph Riepp est né en Allemagne en 1710 et est mort à Dijon en 1775, naturalisé français. Admirable facteur, formateur d'organiers, il édifie en France deux chefs-d'œuvre, à Saint-Bénigne de Dijon et à la collégiale de Dole, ce dernier subsiste d'ailleurs en très grande partie. Ses travaux de facteur ne l'empêchent pas de faire le commerce du vin et de construire d'autres ensembles prestigieux en Allemagne, à Salem et à Ottobeuren, où il construit deux orgues, toujours présents de part et d'autre du chœur, liés par leurs buffets aux stalles baroques. Artiste d'une synthèse stylistique germano-française, il est l'un des plus grands maîtres de son temps.

LES CALLINET
Élève de Riepp, François (1754-1820) eut une nombreuse descendance, dont Joseph et Claude-Ignace. Ces facteurs remarquables ont maintenu, en Alsace et jusque dans le Sud-Ouest, au XIXe siècle, une facture très personnelle, qui, bien que imprégnée fortement de tradition classique, s'adapte néanmoins au style romantique à la mode dans les années 1840. On trouve encore un grand nombre de leurs chefs-d'œuvre en Alsace et dans l'est de la France.

LES CAVAILLÉ
Cette célèbre dynastie débute avec un moine, Joseph (1700-1767), élève d'Isnard. Il forme son neveu Jean-Pierre (1743-1809), qui travaille dans le Midi avant de se fixer en Catalogne pendant la Révolution. Son fils, Dominique Cavaillé-Coll, fait une bonne carrière dans le Sud-Ouest avant de s'installer à Paris en 1834. Il s'y associe avec son propre fils, Aristide (1811-1899), l'un des plus importants facteurs de l'histoire de l'orgue. Ce dernier est l'auteur de grands instruments français au XIXe siècle, à Paris (Notre-Dame, Trocadéro, Sainte-Clotilde, Saint-Sulpice, La Madeleine), à Saint-Denis, Rouen, Caen, Orléans et Toulouse. Visionnaire et passionné de mécanique autant que d'esthétique musicale nouvelle, il crée l'orgue symphonique qui permet l'éclosion de l'école française d'orgue des XIXe et XXe siècles, débutant par Franck, et continuant par Widor, Gigout, Guilmant et Vierne.

Ci-dessous : orgue de Jonzac.
En bas : orgue de West-Cappel (Nord), restauré par la manufacture de Courtefontaine (Jura).

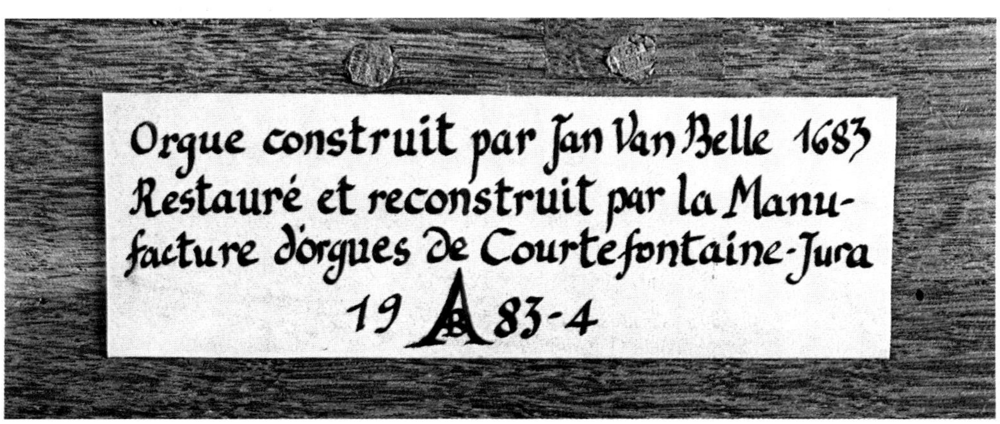

B
C
D
A
S
X
J
E
F
G
U
Æ
V
Y
d
c
a
b
H
P
I
O
R
N
M
Q
K
L

APPROCHE TECHNIQUE DE L'ORGUE FRANÇAIS

Dans cette partie sont réunis les termes techniques de la facture d'un orgue de type français. Afin d'en faciliter la lecture, nous avons divisé ce glossaire en cinq sections, qui représentent dans l'ordre alphabétique chacune des parties de l'instrument : le buffet, la console, le sommier, la soufflerie, la tuyauterie. Dans cette dernière section, nous avons subdivisé la partie consacrée au tuyaux de l'orgue et nous y avons présenté les tuyaux par catégories et par genres. A l'intérieur de chacune des sections, les termes sont présentés dans l'ordre alphabétique. Pour une information détaillée, nous renvoyons nos lecteurs à l'excellent *Dictionnaire de l'architecture* en deux volumes illustrés, édité par les soins de l'Inventaire des monuments historiques.

Représentation intérieure d'un Positif, tirée de L'Art du facteur d'orgues *de dom Bédos de Celles. (Nous ne donnons ici que la légende des éléments les plus importants.)*
On voit ici l'arrière du petit buffet du Positif, partie de l'instrument située en avant du Grand Orgue, au bord de la tribune. Au premier plan, la mécanique en éventail doit être reliée au clavier; de part et d'autre de celui-ci, on voit les bâtons pilotes des registres qui seront rattachés aux boutons encastrant la console. L'ensemble est contenu dans un buffet à trois tourelles (C,D,E). Sur les panneaux latéraux (A et B) vient s'appuyer une partie de la tuyauterie, formée de tuyaux en bois bouchés et munis d'un tampon. A partir du fond, la tuyauterie est disposée en rangées ou jeux : la montre, soutenue par la menuiserie de façade. On remarquera des tuyaux munis d'une petite cheminée, flûte à cheminée; enfin, les deux derniers jeux, vers l'arrière, sont les anches : la trompette, avec ses grands tuyaux s'évasant; et le cromorne, dont les corps sont cylindriques. Le sommier, sur lequel sont posés tous les tuyaux, est caché par la laye (H), qui contient les soupapes maniées par les touches et qui sert de réserve d'air. Cette laye doit pouvoir s'ouvrir pour régler les soupapes et les ressorts.
On voit (en I) le tampon de laye, mobile, autorisant cette ouverture.

A — B : côté du buffet
C — D : tourelles
E : tourelle centrale
F — G : plates-faces
H — I : extérieur de la laye du sommier

BUFFET

Le buffet est un meuble de bois qui abrite l'ensemble des différentes parties de l'orgue : la console, le sommier, la soufflerie et la tuyauterie. Sa fonction est à la fois décorative par l'ordonnance et le style qu'il imprime à la façade de l'instrument, et acoustique par le rôle qu'il joue dans la concentration et la direction des sons. Dans les orgues classiques français, on distingue le grand buffet ou grand corps et le petit buffet ou Positif, posé au bord de la tribune.

COURTINE : rideau qui protégeait les tuyaux de façade à la fin du Moyen Age.

FAÇADE : partie antérieure du buffet et des tuyaux de montre.

FENÊTRE : ouverture du massif où vient se loger la console.

MASSIF : base du buffet faite de panneaux de bois plein sur laquelle sont posés l'ensemble de l'instrument et la tuyauterie.

MONTRE : partie de la tuyauterie disposée en façade. On les appelle tuyaux de montre.

PLATE-FACE : disposition des tuyaux de façade en alignement rectiligne.

TOURELLE : disposition des tuyaux de façade en un plan semi-circulaire ou triangulaire, débordant de la façade du buffet.

VOLETS : portes de bois massif tendues d'étoffe, ou peintes et décorées, qui ferment le buffet à la façon d'une armoire dans certains orgues du Moyen Age et de la Renaissance.

CONSOLE

La console est l'ensemble des mécanismes commandés par l'organiste pour le jeu de l'orgue : les claviers superposés, les registres, le pédalier, les tirasses, la boîte d'expression, les boutons de sélection de groupes de jeux et diverses commandes électriques. Dans les instruments classiques, la console est placée dans une fenêtre ouverte dans le soubassement du buffet, où l'organiste joue face à l'orgue, tournant le dos à l'auditoire. Aux XIXe et XXe siècles, les adaptations mécaniques, pneumatiques et électriques, permettent de séparer la console qui forme un meuble individuel où l'organiste joue, face à la nef.

ACCOUPLEMENT : mécanisme permettant de réunir certains claviers entre eux. A l'époque classique, on accouplait presque exclusivement le Positif et la bombarde (quand elle existait) sur le Grand Orgue ou clavier principal par un système de tiroir, où les claviers glissaient les uns sur les autres pour être réunis. Ce mécanisme est manœuvré par une pédale depuis le XIXe siècle.

ACCOUPLEMENT A TIROIR : ancien système permettant d'accoupler les claviers en les déplaçant à la main d'avant en arrière et en les accrochant ainsi à l'extrémité des touches par de longues tiges ou talons.

BOÎTE EXPRESSIVE : construction de bois, présentant des volets mobiles sur l'une de ses faces, volets déplacés par une grosse pédale. Cette construction abrite les tuyaux d'un clavier (généralement le récit). L'ouverture et la fermeture des volets produit l'impression de varier l'effet dynamique. Ce procédé qui débute en Angleterre sur des clavecins à la fin du XVIIIe siècle s'est répandu surtout au XIXe siècle.

BOMBARDE : clavier muni de jeux d'anche dont la puissance s'ajoute souvent au Grand Orgue.

CLAVIER : ensemble de touches disposées en rangée. Actionnées par les doigts de l'organiste, elles sélectionnent les notes du jeu d'orgue. Un orgue possède généralement plusieurs claviers, chacun commandant un plan sonore particulier : le Grand Orgue, le Positif, le récit, la bombarde, l'écho, la Pédale.

ÉCHO : clavier dont la tuyauterie est placée au fond de l'orgue, donnant l'impression d'éloignement par rapport aux autres plans sonores. Il sert à mettre en valeur quelques jeux sélectionnés.

GRAND ORGUE : clavier principal aussi appelé grand clavier.

MACHINE BARKER : voir machine pneumatique.

MACHINE PNEUMATIQUE : machine qui, par un jeu de double soupape, facilite le jeu sur un clavier, en adoucissant le toucher et en autorisant des combinaisons de registrations. Elle est aussi appelée machine Barker.

ORAGE : mécanisme actionné par une pédale qui abaisse toutes les touches de la première octave (grave) de tous les claviers et dans tous les registres, ce qui produit un bruit très fort imitant l'orage.

PÉDALE : clavier manœuvré par les pieds de l'organiste.

PÉDALE DE CLAVIER : pédale actionnant un mécanisme permettant d'appeler ou de supprimer tout jeu sur un clavier.

PÉDALE DE COMBINAISON (pédales d'anche) : mécanisme actionné au pied, mis au point au XIXe siècle par Aristide Cavaillé-Coll. Il permet de préparer des registres à l'avance et de ne les faire parler que lorsque cette pédale est accrochée.

PÉDALE CRESCENDO : pédale utilisée sur des consoles électriques, sur lesquelles un certain nombre de combinaisons sont préparées. Elle permet ainsi d'augmenter jusqu'au tutti (utilisation de tous les registres de l'orgue) le nombre des registres utilisés.

PÉDALE D'EXPRESSION : pédale actionnant la boîte expressive (voir ce mot).

PÉDALE D'OCTAVE : pédale qui, par son mécanisme, permet en jouant une note de faire entendre en même temps la même note à l'octave grave ou aiguë.

POSITIF : clavier dont la tuyauterie est généralement située dans un petit buffet au bord de la tribune.

RÉCIT : clavier dont la tuyauterie est souvent enfermée dans la boîte expressive munie de volets mobiles, qui permettent de varier l'intensité sonore.

REGISTRE ou TIRANT DE JEU : mécanisme disposé de chaque côté de la fenêtre du clavier et commandant une rangée de tuyaux sur le sommier.

ROULEAU : mécanisme actionné au pied et permettant d'augmenter le nombre de registres utilisés. Il se trouve principalement sur les orgues de facture allemande.

TIRASSE : mécanisme manœuvré d'ordinaire par une pédale et permettant d'accoupler le pédalier à un clavier dont elle prend alors le nom. Exemple : tirasse de Grand Orgue, tirasse de Positif. En jouant du pédalier, les notes du clavier se trouvent enfoncées automatiquement en même temps.

TREMBLANT (trémolo) : mécanisme composé d'une ou deux soupapes placées dans le porte-vent et actionnées par une pédale ou un tirant; l'air émis par les tuyaux subit un léger tremblement.
– Le tremblant doux fait trembler avec discrétion.
– Le tremblant fort, à l'effet plus exagéré, se nomme aussi tremblant à vent perdu, car il se perd un peu de vent quand on l'actionne. (Voir également à soufflerie.)

SOMMIER

Le sommier est une caisse de bois hermétiquement close, de forme rectangulaire, supportant les tuyaux. Il contient les mécanismes essentiels de l'orgue, au travers desquels le vent est propulsé en une répartition sélective vers toute la tuyauterie. Il est composé de la laye où s'emmagasine l'air et où manœuvrent les soupapes actionnées par les touches des claviers, qui, en s'abaissant, commandent l'entrée du vent dans la gravure. Au-dessus des gravures est plaquée la table, percée de trous correspondant aux jeux, ou rangées de tuyaux, et aux notes, et surmontée d'un registre coulissant percé de trous correspondant à un jeu. La chape, percée de trous coïncidant avec ceux de la table et des registres, transmet le vent à la tuyauterie. Pour faire parler les tuyaux, on abaisse les touches, après avoir préalablement manœuvré les registres. Lorsque ceux-ci sont poussés, leurs trous coïncident avec ceux de la table et de la chape : l'air peut donc faire chanter la note et le jeu choisi.

ABRÉGÉ : mécanisme permettant de manœuvrer les diverses articulations reliant les soupapes au clavier dans les orgues mécaniques.

Coupe d'un orgue, d'après L'Art du facteur d'orgues *de dom Bédos de Celles. (Nous ne donnons ici que la légende des éléments les plus importants.) De droite à gauche, le Positif, puis l'organiste touchant les claviers manuels et le pédalier. Sous le pédalier passe l'éventail des vergettes du Positif. Au-dessus des claviers, dans le massif, les vergettes des autres claviers, allant de ceux-ci à l'abrégé (ici en coupe).*
Au fond (36), l'abrégé de Pédale, perpendiculaire à la façade, est disposé sous l'un des sommiers de ce clavier (37). Ici, le tampon de laye a été enlevé pour montrer les soupapes. Le reste du massif (19) est dominé par le sommier du Grand Orgue dont on devine la tuyauterie. En arrière, le souffleur actionne les soufflets de type cunéiforme (13, 14, 15) à l'aide de grandes gaules. L'air ainsi comprimé rejoint les diverses parties de l'orgue par le porte-vent (16). Dans l'angle gauche de la figure se trouve la coupe de la mécanique la plus simple, dite « suspendue ». La touche (C) tire la vergette (D) qui, par un jeu de leviers, actionne la soupape (B) placée dans la laye.

BOÎTE EXPRESSIVE : structure en bois, contenant le sommier et la tuyauterie d'un clavier dit « expressif ». Elle est munie sur une de ses faces de volets mobiles s'ouvrant et se fermant pour donner l'illusion de variations dans l'intensité sonore. Ces volets sont actionnés par un mécanisme aboutissant à une pédale disposée au-dessus ou sur le côté du pédalier. (Voir également à console.)

BOURSETTE : petit sac en peau souple, placé à l'intérieur du sommier pour assurer l'étanchéité au point de passage de la tige mobile animant la soupape.

CHAPE : planche de bois percée de trous dans lesquels sont fichés les pieds des tuyaux. Ces trous coïncident avec ceux des registres et de la table.

FAUX REGISTRE (ou « registre dormant ») : planches fixes clouées sur le sommier entre les registres; elles en assurent l'étanchéité et le bon fonctionnement.

GRAVURE : petite case en forme de couloir allongé correspondant à une note, et sur laquelle est fixée la soupape mobile actionnée par le clavier. A sa partie supérieure, elle est percée de trous correspondant aux tuyaux. Les gravures alimentent en vent tous les tuyaux d'une même note.

GUIDE : petite tige métallique qui maintient la soupape mobile.

JEU : voir à registre.

REGISTRE : planche de bois coulissante percée de trous, venant s'insérer entre la table et la chape, elles-mêmes percées de trous identiques. Selon la programmation du registre, le pied du tuyau se trouve obturé ou ouvert. Chaque registre, appelé aussi jeu, correspond à une rangée de tuyaux.

SOUPAPE : clapet de bois de forme oblongue, recouvert de cuir assurant son étanchéité. Elle est maintenue par des ressorts au plafond de la laye. Mobile, elle permet, en s'ouvrant, d'introduire l'air dans la gravure.

TABLE : pièce de bois percée d'autant de trous qu'il y a de tuyaux. Elle est placée entre le registre et la gravure. Les orifices où passe le vent correspondent aux rangées de tuyaux et aux notes. La table et le registre permettent de programmer les jeux.

TIRANT DE JEU : manette placée sur la console. Par extension, il est aussi appelé « jeu » ou « registre ».

SOUFFLERIE

La soufflerie est l'ensemble des appareils fournissant l'air. Elle comprend des soufflets, cunéiformes jusqu'au XIXe siècle, puis à tables parallèles, des réservoirs chargés d'emmagasiner l'air à une pression donnée, un régulateur qui règle l'arrivée de l'air et des porte-vent qui distribuent le vent aux diverses parties de l'orgue.

ÉCLISSES : petites planches de bois reliées par des charnières de cuir formant les plis du soufflet cunéiforme.

PORTE-VENT : conduit généralement en bois qui distribue le vent aux parties de l'orgue. Les gros porte-vent relient la soufflerie aux réservoirs des sommiers, les petits porte-vent conduisent le vent des sommiers aux tuyaux isolés, tuyaux de basse ou tuyaux de montre.

RÉGULATEUR : petits soufflets placés sous les sommiers régularisant la pression de l'air émis par les soufflets.

RÉSERVOIRS : de forme carrée ou rectangulaire, ils emmagasinent l'air et le maintiennent à une pression constante réglée par des poids qui compriment leur partie supérieure.

SOUFFLET : à l'origine, le soufflet était formé de deux tables de bois reliées par une peau qui, en se dépliant, emmagasinait l'air qui était ensuite propulsé vers l'orgue. Au XVe siècle, le soufflet cunéiforme et les éclisses permirent de créer des soufflets à plis réguliers plus solides.

TREMBLANT : soupape placée dans le porte-vent qui subit des vibrations au passage du vent. Transmises aux tuyaux, celles-ci produisent un son de trémolo. (Voir également à console.)

TUYAUTERIE

La tuyauterie est l'ensemble des tuyaux qui constituent le corps sonore de l'orgue. Ils sont de type, de taille et de forme variés, et peuvent être classés en deux catégories : les tuyaux à bouche et les tuyaux à anche.

DIAPASON : en facture d'orgues, rapport existant entre la hauteur et le diamètre d'un tuyau. On distingue des diapasons étroits, moyens ou larges.

ENTAILLE : fente pratiquée au bord supérieur du tuyau pour aider les émissions d'harmoniques et faciliter l'accord.

FAMILLE DE JEUX : ensemble de plusieurs jeux composés de tuyaux de la même espèce (bouche ou anche).

FREIN : pièce de métal cylindrique placée horizontalement devant la bouche (voir ce terme dans tuyaux à bouche, page 258) entre les deux oreilles (voir ce terme page suivante) pour aider à la dynamique du son émis par le tuyau.

JEU : rangée de tuyaux de construction et de timbre identiques placés sur un même registre, le nombre de tuyaux correspondant au nombre de notes du clavier (sauf pour les jeux de mutations). Par extension, le nom du tirant ou registre placé sur la console.

JEU A ANCHE BATTANTE : tuyau à anche dans lequel la languette, au lieu de frapper l'anche, vibre librement à l'intérieur et à l'extérieur de celle-ci.

JEU BOUCHÉ : jeu à bouche dans lequel les tuyaux sont fermés par une calotte et sonnent à l'octave grave de la note correspondant à leur longueur. On l'appelle aussi bourdon.

JEU DE MUTATION : jeu composé de tuyaux à bouche permettant de faire entendre une ou plusieurs harmoniques de la note fondamentale correspondant à la touche du clavier. Dans les mutations composées, il y a autant de tuyaux par note que l'on désire faire entendre d'harmoniques.

JEU HARMONIQUE : jeu à bouche ouvert dans lequel on a percé des trous dans la paroi du tuyau, ce qui le fait parler à l'octave aiguë de la note correspondant à la longueur de ce tuyau. Ces jeux possèdent ainsi une sonorité éclatante et ronde.

LUMIÈRE : passage étroit réservé à l'air, entre le biseau et la lèvre inférieure (voir ces termes dans tuyaux à bouche, ci-dessous).

MUTATIONS COMPOSÉES : jeux dans lesquels on réunit plusieurs tuyaux afin d'émettre plusieurs sons pour une seule note. Lorsque les sonorités deviennent trop aiguës, le facteur reprend à l'octave inférieure, pratiquant que l'on appelle une reprise.

OREILLE : paire de petites plaques de métal soudées verticalement de part et d'autre de la bouche pour aider à l'émission.

PIED : unité de mesure utilisée en facture d'orgues. 1 pied équivaut à 33 cm environ.

RANG : séries de tuyaux émettant la même note en plusieurs sons dans une mutation composée.

TUYAU : conduit en métal ou en bois délimitant une colonne d'air.

TUYAU A ANCHE : tuyau constitué d'une partie inférieure portante, le pied (parfois remplacé par un bloc de bois), comportant un tampon mobile, le noyau, posé sur le dessus et le fermant partiellement. On lui soude, par-dessous, l'auge, appendice creux dont une face est ouverte et sur laquelle vient frapper ou se placer une petite feuille de métal mobile, la languette. Ces éléments forment un son dont la hauteur varie avec l'amplitude des vibrations de la languette, amplitude réglée par une petite tige dépassant le noyau pour l'accord, la rasette. Le tuyau est ensuite composé d'un corps, de forme et de taille variables, qui transforme le son de l'anche. Ces tuyaux d'anche sont très sonores. On les place dans le fond de l'orgue. Parfois, certains jeux d'anche sont disposés horizontalement au pied de la façade, en chamade.

TUYAUX A BOUCHE : de section circulaire ou carrée, en métal (étain, cuivre, plomb, alliage) ou en bois, ce sont des tuyaux où l'air se heurte à une pièce, le biseau, située obliquement en travers du tuyau, avant de se propager dans la partie supérieure, le corps. La partie inférieure, le pied, sert de support et permet de donner de l'élan à la colonne d'air. La liaison entre le pied et le corps comporte une ouverture partielle horizontale, la bouche, entourée de deux parties aplaties, les lèvres. Sur les tuyaux de façade, les lèvres comportent un encadrement en ressaut, ovale ou triangulaire, l'écusson. Les tuyaux peuvent être bouchés à leur partie supérieure par une calotte munie ou non d'une cheminée; ils émettent alors l'octave grave de la note qui correspond à leur longueur.

TUYAUX DE MONTRE : tuyaux disposés en alignement sur la façade du buffet. On dit aussi tuyaux de façade.

LES TUYAUX A ANCHE

Jeux d'anche

BASSON : jeu d'anche de 16 ou 8 pieds au corps légèrement plus large que le hautbois et au timbre plus volumineux.

BATTERIE D'ANCHE : réunion de bombarde, de trompette et de clairon.

BOMBARDE : trompette de 16 ou 32 pieds. On réserve généralement la bombarde de 32 pieds à la Pédale.

CLAIRON : trompette de 4 pieds. On remplace quelquefois la dernière octave aiguë par des tuyaux de prestant (voir ce terme, page 258).

CLARINETTE : jeu d'anche à corps cylindrique.

COR ANGLAIS : jeu d'anche, généralement de 8 pieds, dont le corps s'élargit vers l'extrémité avant de se resserrer.

CROMORNE : jeu d'anche de 8 pieds au corps cylindrique, à la sonorité âpre et rude, dite « cruchante ».

HAUTBOIS : jeu d'anche de 8 pieds dont le corps est d'abord cylindrique avant de s'évaser. Il s'utilise en solo.

RÉGALE : jeu d'anche à corps très court.

TROMPETTE : jeu de 8 pieds au corps évasé vers le haut, constituant le principal jeu d'anche d'un orgue. Placée horizontalement sur ou devant le buffet, elle est dite trompette en chamade.

TUBA MAGNA : bombarde de 16 pieds placée au quatrième clavier où elle parle sous forte pression (parfois en chamade).

TUBA MIRABILIS : tuba magna de 4 pieds. Ces deux jeux, construits par le facteur Mutin au début du XXe siècle, existent au Sacré-Cœur de Montmartre.

VOIX HUMAINE : jeu d'anche acoustique dont le corps rappelle celui du cromorne, mais en partie bouché.

Jeux à anche battante

EUPHONE : jeu d'anche à anche battante, à la sonorité très intense.

MUSETTE : jeu d'anche au corps en cône renversé (très rare après le XVIIIe siècle).

LES TUYAUX A BOUCHE

Jeux à bouche ouverts à diapason moyen

CONTREBASSE : principal (voir ce terme ci-dessous) de 16 pieds, placé à la Pédale.

DIAPASON : ce mot, outre la signification liée aux proportions des tuyaux, désigne un principal assez large, à sonorité plus tranchante que la montre, fort utilisé en Angleterre à la place de celle-ci.

DOUBLETTE : montre de 2 pieds.

FOND D'ORGUE : ensemble des jeux de 16, 8 et 4 pieds de chaque clavier, tous claviers accouplés.

KÉRAULOPHONE : principal dont les tuyaux comportent à leur extrémité supérieure un pavillon emboîté qui leur donne une sonorité mordante.

MONTRE : jeu constitué de principaux de 8, 16 ou 32 pieds, placé en façade.

PRESTANT : montre de 4 pieds. L'orgue est accordé sur le prestant.

PRINCIPAL : type de jeu formé de tuyaux à diapason moyen formant à l'origine l'essentiel de la tuyauterie de l'orgue et la base de l'édifice sonore.

Jeux à bouche à diapason étroit

DULCIANE : gambe douce de 8 ou 4 pieds.

FUGARA : nom donné parfois à un salicional (voir ce terme ci-dessous) de 4 pieds.

GEMSHORN (cor de chamois) : jeu à tuyaux coniques à leur extrémité supérieure.

SALICIONAL : jeu de 8 ou 4 pieds aux tuyaux plus étroits que ceux de la montre, produisant de nombreuses harmoniques et dont la sonorité est à la fois douce et perçante.

UNDA MARIS : voix céleste (voir ces termes page 259) légèrement moins désaccordée, ce qui produit des battements plus lents.

VIOLE DE GAMBE : sorte de salicional au diamètre plus étroit. Ce jeu de 8 ou parfois 16 pieds imite le son des instruments à cordes.

VIOLONCELLE : jeu proche du salicional, souvent en bois, de 16 ou 18 pieds, placé généralement à la Pédale.

VOIX ANGÉLIQUE : voix céleste très douce, formée de deux rangs de bourdons désaccordés l'un par rapport à l'autre. Un des rares exemples existe à Saint-Ouen de Rouen (Cavaillé-Coll).

VOIX CÉLESTE : gambe composée de deux tuyaux par note, légèrement désaccordés l'un par rapport à l'autre, ce qui produit des battements et une sonorité ondulante.

Jeux à bouche à diapason large

FLÛTE : jeu constitué de tuyaux à bouche de diapason large.

FLÛTE CREUSE : jeu non harmonique dont la sonorité se situe entre la flûte et le salicional.

FLÛTE HARMONIQUE : jeu de flûte de 8 pieds dont les tuyaux aigus (sur les 2 octaves et demie supérieures d'un clavier environ) sont percés de trous à mi-hauteur et d'une longueur du double de celle exigée pour émettre le son naturel. Il en résulte une sonorité très puissante. Elle s'emploie beaucoup en solo au clavier de Grand Orgue. Ce jeu est l'un des plus réussis de Cavaillé-Coll.

FLÛTE OCTAVIANTE : flûte harmonique de 4 pieds.

FLÛTE A PAVILLON : jeu de flûte dans lequel l'extrémité du tuyau est pourvue d'un pavillon.

FLÛTE TRAVERSIÈRE : jeu de flûte harmonique de moins gros diapason qui imite la flûte de l'orchestre.

OCTAVIN : flûte harmonique de 2 pieds.

Jeu bouché ou bourdon

BOURDON : jeu dans lequel les tuyaux sont fermés par une calotte ou un tampon et sonnent à l'octave grave de la note correspondant à leur longueur. En France essentiellement, le bourdon désigne des jeux de 8 ou 4 pieds placés aux claviers manuels; mais ils peuvent être aussi de 32 ou 16 pieds.

BOURDON A CHEMINÉE : bourdon dont la calotte mobile est pourvue d'un petit tuyau de faible diamètre appelé cheminée.

COR DE NUIT : bourdon à sonorité très atténuée, la plus douce de l'orgue.

FLÛTE DOUCE : bourdon dont les tuyaux aigus sont habituellement ouverts.

QUINTATON : jeu construit de telle manière que l'on entende à la fois le son fondamental et sa quinte.

MIXTURES OU MUTATIONS

Mutations simples

LARIGOT : nasard de 1 pied 1/3 correspondant au son 3 du jeu de 4 pieds, soit la deuxième quinte.

NASARD (ou nazard) : jeu bouché de 2 pieds 2/3, de diapason principalisant, donnant la même note que la quinte flûte. Il donne la deuxième quinte du jeu de 8 pieds.

QUARTE DE NASARD : jeu de 2 pieds, plus petit que la doublette (voir ce terme à carillon, ci-dessous) et formant un ensemble avec le nasard. Elle sonne la quarte du nasard et donc la deuxième octave du son fondamental.

QUINTE : appelée aussi quinte flûte; jeu ouvert donnant la douzième octave du son fondamental, d'une longueur de 2 pieds 2/3.

SEPTIÈME : jeu donnant la troisième septième du son fondamental sur les instruments de très grandes dimensions. Elle est de :
4 pieds 4/7 pour le 32 pieds,
2 pieds 2/7 pour le 16 pieds,
1 pied 1/7 pour le 8 pieds.

TIERCE : jeu faisant entendre la troisième tierce du son fondamental. Sa longueur dépend de celle du son fondamental. Elle est donc de :
6 pieds 2/5 pour le 32 pieds,
3 pieds 1/5 pour le 16 pieds,
1 pied 3/5 pour le 8 pieds.
Réunie au nasard et à la quarte de nasard, elle constitue le jeu de tierce (cornet décomposé).

Mutations composées

CARILLON : cornet dans lequel l'octave supérieure du jeu de 2 pieds (doublette) est remplacée par un piccolo de 1 pied, ce qui lui donne une sonorité plus perçante que le cornet.

CORNET (dessus de cornet) : jeu comprenant la fondamentale, l'octave, la superoctave, la quinte et la tierce. Il n'a pas de reprise. Le cornet peut être constitué de 3 à 9 rangs.

CYMBALE : jeu identique à la fourniture, mais plus aigu, avec des reprises de quarte en quinte. Un cymbale est en général de 2 ou 3 rangs.

FOURNITURE : jeu dans lequel on entend simultanément les harmoniques 2 et 3 (octave et quinte) et leurs redoublements. Les reprises se font d'octave en octave. Une fourniture va de 3 à 8 rangs.

PLEIN-JEU : jeu composé généralement de 3 à 5 rangs remplaçant souvent au XIXe siècle la fourniture et la timbale.

PLÉNUM : registration classique qui consiste à appeler tous les jeux de 16, 8, 4 et 2 pieds, fournitures et cymbales de chaque clavier, tous les claviers étant accouplés.

SESQUIALTERA : jeu de cornet comprenant seulement le nasard et la tierce.

Les plus belles orgues de Paris et des environs

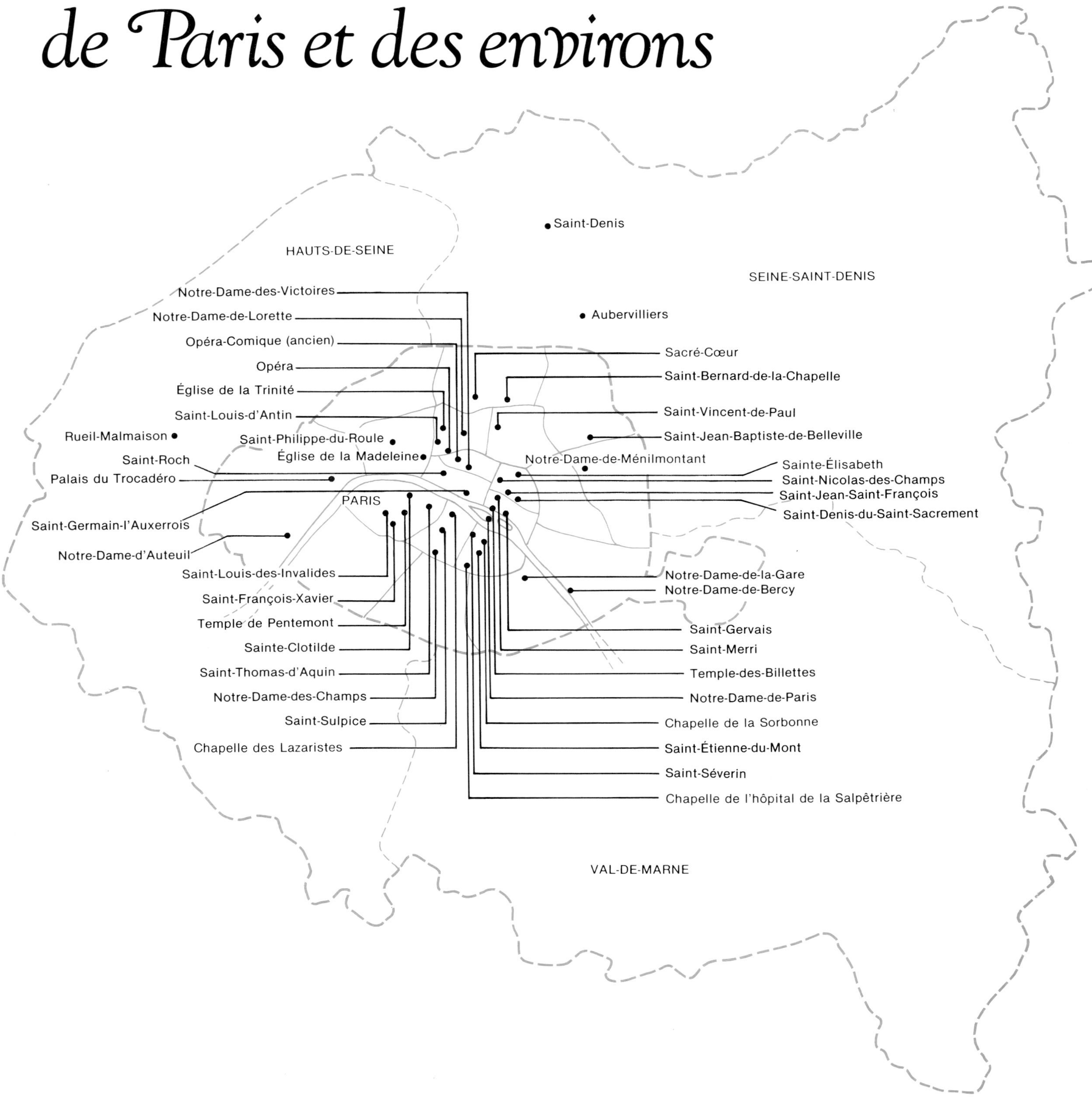

Les plus belles orgues de France

Bergues
Houtkerque
Pitgam
Tourcoing
Lille
Cambrai
Maroilles
Saint-Quentin
Marle
Laon
Reims
Sainte-Menehould
Épernay
Avenay-Val-d'Or
Dammartin-en-Goële
L'Épine
Meaux
Châlons-sur-Marne
Vitry-le-François
Fontainebleau
Troyes
Saint-Dizier
Joinville
Colombey-les-Belles
Saint-Mihiel
Saint-Quirin
Bar-le-Duc
Thionville
Metz
Nancy
Lunéville
Neuwiller-lès-Saverne
Saverne
Strasbourg
Soult-les-Bains
Marmoutier
Rosheim
Châtenois
Ebersmunster
Ribeauvillé
Lautenbach
Hattstam
Rouffach
Niederhergheim
Guebwiller
Ottmarsheim
Belfort
Sewen
Les Loges
Luxeuil-les-Bains
Auxerre
Sceaux
Clamecy
Semur-en-Auxois
Dijon
Pesmes
Besançon
Auxonne
Dole
Saint-Jean-de-Losne
Pontarlier
Beaune
Arbois
Poligny
Mouthe
Nevers
Chalon-sur-Saône
Souvigny
Gex
Nantua
Riom
Clermont-Ferrand
Tarare
Lyon
Belley
Vienne
La Chaise-Dieu
Annonay
Le Puy
Embrun
Saint-Paul-Trois-Châteaux
Malaucène
Roquemaure
Carpentras
L'Isle-sur-la-Sorgue
Digne
Alès
Uzès
Gordes
Avignon
Forcalquier
Entrevaux
La Brigue
Tende
Saorge
Fontan
Breil
Sospel
Menton
Manosque
Saint-Guilhem-le-Désert
Tarascon
Saint-Gilles
Lodève
Montpellier
Aix-en-Provence
Saint-Maximin-la-Sainte-Baume
Fréjus
Saint-Pons
Pézenas
Béziers
Martigues
Marseille
Solliès-Ville
Narbonne
Rivesaltes
Perpignan
Nonza
Calvi
Piedicroce
Ajaccio
Olmeto

PRINCIPAUX ORGUES CONSTRUITS PAR LA MAISON CAVAILLÉ-COLL

PARIS

Saint-Sulpice (6e).
Notre-Dame de Paris (4e).
Sainte-Madeleine (8e).
Saint-François-Xavier (7e).
Sainte-Clotilde (7e).
Sainte-Trinité (9e).
Saint-Augustin (8e).
Notre-Dame d'Auteuil (16e).
Notre-Dame-des-Champs (6e).
Notre-Dame-de-la-Gare (3e).
Notre-Dame-de-Lorette (9e).
Saint-Bernard-de-la-Chapelle (18e).
Saint-Denis-du-Saint-Sacrement (3e).
Saint-Étienne-du-Mont (5e).
Saint-Jean-Baptiste-de-Belleville (19e).
Saint-Jean-Saint-François (3e).
Saint-Louis-d'Antin (9e).
Saint-Philippe-du-Roule (8e).
Saint-Pierre-de-Montmartre (18e).
Saint-Roch (1er).
Saint-Thomas-d'Aquin (7e).
Temple des Billettes (4e).
Temple de Pentemont (7e).
Opéra (9e).
Opéra-Comique (ancien) (2e).
Palais du Trocadéro (16e)

PROVINCE

Aix-en-Provence, cathédrale. 13.
Ajaccio, cathédrale. 20.
Amiens, cathédrale. 80.
Les Andelys, paroisse. 27.
Angers, Saint-Joseph. 49.
Angers, cathédrale. 49.
Annonay, Notre-Dame. 07.
Auch, cathédrale. 32.
Autun, cathédrale. 71.

Bagnères-de-Luchon, paroisse. 31.
Bayeux, cathédrale. 14.
Belle-Île-en-Mer, paroisse du Palais. 56.
Belley, cathédrale. 01.
Bergerac, paroisse. 24.
Bergues, paroisse. 59.
Bolbec, paroisse. 76.
Bolbec, temple. 76.
Boulogne-Billancourt, paroisse. 92.

Caen, Saint-Étienne. 14.
Caen, Saint-Pierre. 14.
Caen, Sainte-Trinité. 14.
Caen, paroisse de Vaucelles. 14.
Carcassonne, cathédrale. 11.
Castelnaudary, Saint-Michel. 11.
Caudebec-les-Elbeuf, paroisse. 76.
Chalon-sur-Saône, Saint-Côme. 71.
Chantilly, paroisse. 60.
Charenton-le-Pont, paroisse. 94.
Charmes, paroisse. 88.
Château-Gontier, Saint-Jean. 53.
Châteauroux, Notre-Dame. 36.
Clamecy, Saint-Martin. 58.
Colombey-les-Belles, paroisse. 54.
Coulommiers, paroisse. 77.
Creil, paroisse. 60.

Dax, berceau de saint Vincent de Paul. 40.
Digne, cathédrale. 04.
Dinan, Saint-Sauveur. 22.
Le Dorat, collégiale. 87.
Dreux, chapelle du château. 28.
Dreux, paroisse. 28.
Dunkerque, Saint-Martin. 59.
Dunkerque, Saint-Éloi. 59.

Écouen, maison de la Légion d'honneur. 95.
Elbeuf, Immaculée-Conception. 76.
Elbeuf, Saint-Étienne. 76.
Elbeuf, Saint-Jean. 76.
Épernay, Notre-Dame. 51.
Étretat, paroisse. 76.

Fécamp, Sainte-Trinité. 76.
Fontainebleau, Saint-Louis. 77.
Fréjus, cathédrale. 83.

Gaillac, Saint-Michel. 81.
Gex, paroisse. 01.

Givet, Notre-Dame. 08.
Gordes, paroisse. 84.
Grenade-sur-Garonne, paroisse. 31.

Le Havre, Saint-Michel. 76.
Hendaye, paroisse. 64.

Jouy-en-Josas, paroisse. 78.

Laval, cathédrale. 53.
Lille, Notre-Dame-de-la-Treille. 59.
Le Lion-d'Angers, paroisse. 49.
Lisieux, cathédrale. 14.
Les Loges, maison de la Légion d'honneur. 52.
Long, paroisse. 80.
Longjumeau, paroisse. 91.
Longueville, paroisse. 77.
Loudéac, paroisse. 22.
Lourdes, église du Rosaire. 65.
Luçon, cathédrale. 85.
Lunel, paroisse. 34.
Lyon, Carmes. 69.
Lyon, Saint-François. 69.

Malakoff, paroisse. 92.
Marle, paroisse. 02.
Marmande, paroisse. 47.
Marseille, Saint-Charles. 13.
Marseille, Saint-Joseph. 13.
Moissac, Saint-Pierre. 82.
Mulhouse, église catholique. 68.

Nancy, cathédrale. 54.
Nancy, Saint-Léon. 54.
Nancy, temple. 54.
Nancy, synagogue. 54.
Nevers, Saint-Étienne. 58.
Nîmes, cathédrale. 30.
Nîmes, Saint-Paul. 30.
Nîmes, Sainte-Perpétue. 30.

Oloron-Sainte-Marie, cathédrale. 64.
Orléans, cathédrale. 45.
Orly, paroisse. 94.
Orthez, Saint-Pierre. 64.

Perpignan, cathédrale. 66.
Pithiviers, paroisse. 45.
Pontivy, paroisse. 56.
Pontoise, Saint-Maclou. 95.
Port-Louis, paroisse. 56.
Puteaux, paroisse. 92.
Le Puy, paroisse. 43.

Quimper, cathédrale. 29.

Rabastens, Notre-Dame-du-Bourg. 81.
Reims, Saint-Maurice. 51.
Rennes, cathédrale. 35.
La Roche-Derrien, paroisse. 22.
La Roche-sur-Yon, paroisse. 85.
Romorantin-Lanthenay, paroisse. 41.
Rosel, orgue de salon. 14.
Rouen, Saint-Godard. 76.
Rouen, Saint-Ouen. 76.
Rueil-Malmaison, paroisse. 95.

Saint-Amand-Montrond, paroisse. 18.
Sainte-Anne-d'Auray, église du Pèlerin. 56.
Saint-Brieuc, cathédrale. 22.
Saint-Cloud, paroisse. 92.
Saint-Denis, basilique. 93.
Saint-Denis, maison de la Légion d'honneur. 93.
Saint-Germain-en-Laye, paroisse. 78.
Saint-Girons, paroisse. 09.
Saint-Omer, cathédrale. 62.
Saint-Pierre-d'Oléron, église. 17
Saint-Pourçain-sur-Sioule, paroisse. 03.
Saint-Servan-sur-Mer, paroisse. 35.
Saint-Sever, paroisse. 40.
Sceaux, paroisse. 92.
Sées, cathédrale. 61.
Segré, paroisse. 49.

Tarare, Sainte-Madeleine. 69.
Toulouse, cathédrale. 31.
Toulouse, Saint-Jérôme. 31.
Toulouse, église du Jésus. 31.
Toulouse, Saint-Sernin. 31.
Tourcoing, St-Jean-Baptiste. 59.
Le Tréport, paroisse. 76.
Trouville-sur-Mer, Notre-Dame-des-Victoires. 14.

Ussel, paroisse. 19.

Verberie, paroisse. 60.
Versailles, cathédrale. 78.

INDEX

Les nombres en romain font référence au texte, ceux en italique renvoient aux illustrations. Certains orgues qui ne sont pas cités dans le texte — et donc qui ne figurent pas dans l'index — peuvent être localisés sur les cartes pages 261 et 262-263.

BIBLIOGRAPHIE

Nous publions ci-dessous la liste des ouvrages qu'il nous paru indispensable de citer pour mieux connaître l'orgue et les organistes.

DELOSME, René : *L'Orgue français de transition*, in « L'Orgue français », numéro spécial *La Revue musicale*, Paris, 1977.

DUFOURCQ, Norbert : *Esquisse d'une histoire de l'orgue en France du XIIIe au XVIIIe siècle*, Larousse, Droz, Paris, 1935.

DUFOURCQ, Norbert : *Le Livre de l'orgue français*, Picard, Paris, 1970, 1982.

MEYER-SIAT, Pie : *Les Callinet*, Istra, Strasbourg, 1965.

MUTIN, Charles : *Catalogue*, Aragno, Paris, S.D.

PERROT, Jean : *L'Orgue des origines hellénistiques à la fin du XIIIe siècle*, Picard, Paris, 1965.

RAUGEL, Félix : *Les Organistes*, H. Laurens, Paris, 1923.

RAUGEL, Félix : *Les Grandes Orgues des églises de Paris et du département de la Seine*, Fischbacher, Paris, 1927.

ROKSETH, Yvonne : *La Musique d'orgue au XVe siècle et au début du XVIe siècle*, Droz, Paris, 1930.

RORET, SCHMITT et SIMON : *Nouveau Manuel complet de l'organiste*, Laget, réédition, Paris, 1980.

SONNAILLON, Bernard : *L'Orgue, instrument et musicien*, Vilo, Paris, 1984.

Les Monuments historiques au service des orgues de France, numéros 2-3, Paris, 1962.

Monuments historiques, « Les Orgues », numéro 146, septembre 1986.

DISCOGRAPHIE

Le lecteur trouvera ici les enregistrements essentiels à la découverte de l'orgue français, lesquels illustrent parfaitement certains orgues et organistes évoqués dans le texte. Il convient d'y ajouter nombre de disques réalisés sur des orgues de province ; hors catalogue, ils sont généralement disponibles dans les églises.

Tous les disques de la série « Orgues historiques » parus chez Harmonia Mundi, enregistrés par les meilleurs musiciens.

Les messes de François Couperin interprétées par :
- André Marchal (La Flèche) LDE 3106 ;
- Michel Chapuis (Saint-Maximin-du-Var) HMU 2714 ;
- Philippe Lefèbvre (Saint-Gervais, à Paris) RCA FY 053/54 ;
- Pierre Bardon (Saint-Maximin-du-Var) PV 1801-2.

Les œuvres de César Franck. Parmi de très nombreux enregistrements dominent ceux interprétés par :
- André Marchal (Saint-Eustache) EDO 203/5 ;
- Marie-Claire Alain (Saint-François-de-Sales, à Lyon) STU 71035/37.

Les œuvres de Louis Marchand (et de François Couperin). L'excellent coffret d'André Isoir (Saint-Maximim-du-Var, Saint-Germain-des-Prés, à Paris et Sarre-Union) Ca 1907-09.

Pour les orgues de Provence et de Nice, le disque de René Saorgin (enregistré à Tende) HMU 947 est indispensable ; l'organiste y interprète de la musique italienne du XIXe siècle.

Pour la période symphonique :
- Widor, interprété par Louis Robilliard (Saint-François-de-Sales, à Lyon) ARN 38464, et par Marie-Claire Alain (Saint-Germain-en-Laye) STU 71165 ;
- Vierne, interprété par Pierre Cochereau (Notre-Dame de Paris) FY O28/032, et par Daniel Roth (Saint-Ouen de Rouen) EDO 253.

L'album des grands organistes des années 1900-1950 est admirablement représentatif de leur génie dans « Orgues et organistes français » 1930-2C 153-16411/5.

Enfin, toute discothèque de musique d'orgue doit posséder l'intégrale des œuvres de Messiaen — hormis les deux dernières non écrites par le compositeur lors de l'enregistrement —, interprétée par Louis Thiry à la cathédrale Saint-Pierre de Genève, CAL 192530, et l'œuvre de Jehan Alain, interprétée par Marie-Claire Alain à l'église Saint-Christophe de Belfort, EDO 250/252.

TABLE DES MATIÈRES

Pages

Achevé d'imprimer le 10 septembre 1986 par
MÂCON-IMPRIMERIE

sur papier couché classique « Idéal » 170 g
des Papeteries ARJOMARI-PRODUCTION.

Composition : TOURAINE COMPO, Tours.
Photogravure : DUPONT, Charenton.
Reliure : ANDRÉ BRUN, Malesherbes.